感知美好生活

区域经济高质量发展充分性和平衡性统计测度研究

于翠婷 著

四川大学出版社
SICHUAN UNIVERSITY PRESS

图书在版编目（CIP）数据

感知美好生活：区域经济高质量发展充分性和平衡性统计测度研究 / 于翠婷著. — 成都：四川大学出版社，2023.9
ISBN 978-7-5690-6317-2

Ⅰ. ①感… Ⅱ. ①于… Ⅲ. ①区域经济发展－研究－四川 Ⅳ. ①F127.71

中国国家版本馆 CIP 数据核字（2023）第 152277 号

书　　名：感知美好生活：区域经济高质量发展充分性和平衡性统计测度研究
Ganzhi Meihao Shenghuo: Quyu Jingji Gaozhiliang Fazhan Chongfenxing he Pinghengxing Tongji Ceduo Yanjiu
著　　者：于翠婷

选题策划：张宇琛
责任编辑：张宇琛
责任校对：毛张琳
装帧设计：叶　茂
责任印制：王　炜

出版发行：四川大学出版社有限责任公司
　　　　　地址：成都市一环路南一段 24 号（610065）
　　　　　电话：（028）85408311（发行部）、85400276（总编室）
　　　　　电子邮箱：scupress@vip.163.com
　　　　　网址：https://press.scu.edu.cn
印前制作：四川胜翔数码印务设计有限公司
印刷装订：四川省平轩印务有限公司

成品尺寸：160 mm×230 mm
印　　张：11.125
插　　页：3
字　　数：172 千字

版　　次：2023 年 9 月 第 1 版
印　　次：2023 年 9 月 第 1 次印刷
定　　价：62.00 元

扫码获取数字资源

四川大学出版社
微信公众号

本社图书如有印装质量问题，请联系发行部调换

前　言

现阶段，发展不平衡不充分问题已经成为制约人民日益增长的美好生活需要的主要因素。四川省亦存在发展不平衡不充分问题，且四川省的发展不平衡主要表现在区域发展不平衡上。2022 年四川省 GDP 位居全国第六位，但人均 GDP 排名位居全国第 20 位。可见，四川省经济发展状况总量较大，但是人均不强。面对当前社会主要矛盾的转变，本书主要围绕四川省社会主要矛盾的内涵、四川省经济高质量发展的不平衡不充分的内涵及表现、四川省经济朝着更佳平衡更为充分地发展的应对策略等问题展开研究。

首先，基于社会主要矛盾，对人民美好生活硬需要、四川省经济高质量发展不平衡不充分的内涵予以界定。其次，以内涵为研究基础，基于新发展理念，围绕经济健康、创新驱动、生态绿色、对外开放和民生福祉设计出充分发展和平衡发展指数体系。再次，利用统计研究方法（功效系数法、熵值法、基尼系数、泰尔指数及其分解方法）对不同研究目标展开测度。统计研究表明，四川省在经济高质量发展上取得了显著成效但仍存在问题：一是城市间、区域间、城乡间发展水平不平衡程度依然较大。二是能源产出率持续下降，基础交通设施有待进一步改善。三是创新资源集中在成都平原经济区，数字经济对于推动四川省经济高质量发展的驱动力尚未体现。四是成都平原经济区空气质量有待进一步提升。五是全省对外开放发展水平有待大幅度提升。六是医疗、教育发展有待进一步加强。最后，根据实证结果给出缩减四川省经济高质量发展不平衡不充分与人民美好生活硬需要之间矛盾的政策建议。

最后，要特别感谢四川省自然科学资金项目（健康老龄化政策对健康机会不平等及经济增长的影响：理论、机制与实证，2023NSFSC1043）；

四川省哲学社会科学项目（统计专项，四川省经济发展不平衡不充分的统计测度研究——基于美好生活硬需要，SC18TJ031）；四川石油天然气发展研究中心 2022 年度项目（我国天然气产业政策措施的协同演变及其有效性研究，SKB22－09）；西南石油大学校级人文专项基金杰出人才项目（新零售视角下四川网络零售业发展差异测度及收敛性研究，2022－2023RW001）的资助，使本书得以与各位读者见面。由于笔者水平和写作时间有限，书中难免存在疏漏之处，望广大读者朋友和相关领域学者予以批评指正。

于翠婷

2023 年 3 月于成都

目　录

第 1 章　绪　论

第 2 章　研究现状评述

第 3 章　四川省经济高质量发展充分性和平衡性统计指数理论方法

第 4 章　四川省高质量经济发展充分性和平衡性的统计测度结果及分析

第 5 章　四川省经济充分和平衡发展的成效及存在的问题

第 6 章　促进四川省经济高质量平衡发展的政策建议

绪 论

▶ 1.1 研究背景

　　四川是西部地区重要大省，也是西部经济的领头羊。一直以来，四川在全国经济发展中占有重要位置，古代曾有"扬一益二"的美誉。2020年，第一财经·新一线城市研究所发布《2020城市商业魅力排行榜》，成都再度蝉联新一线城市榜首，这也是成都第五年蝉联"新一线"城市榜首[①]。而且，2022年四川省经济总量达到56749.8亿元人民币，同比增长4.92%，比全国高0.8个百分点，居中国第六位[②]。习近平总书记在党的十九大报告中明确指出，"中国特色社会主义进入新时代，我国社会主要矛盾已经转化为人民日益增长的美好生活需要和不平衡不充分的发展之间的矛盾"。二十大报告又进一步明确指出，"我国社会主要矛盾是人民日益增长的美好生活需要和不平衡不充分的发展之间的矛盾，并紧紧围绕这个社会主要矛盾推进各项工作，不断丰富和发展人类文明新形态"。人民美好生活需要日益广泛，不仅对物质文化生活提出了更高要求，而且在民主、法治、公平、正义、安全、环境等方面的要求日益增长。虽然，我国社会生产力水平总体上显著提高，但是发展不平衡不充分更加突出，这已经成为满足人民日益增长的美好生活

---

　　① 数据来源：https://www.maigoo.com/news/550235.html.
　　② 数据来源：2023年1月20日，四川省第十四届人民代表大会第一次会议上的《2023年四川省政府工作报告》，http://sthjt.sc.gov.cn/sthjt/C168892/2023/1/20/aa3d41ba78424c4aad88015e713360ba.shtml.

需要的主要制约因素。四川省地域辽阔、人口众多、资源丰富，这一特有的省情是一把双刃剑，一方面为四川省的经济持续走高发展提供了较好的物质基础；另一方面资源和要素发展的不平衡导致不同区域间的发展存在较大的差异性。由此可以看出，四川省的经济发展不平衡不充分与全国的国情类似（袁天凤和邱道持，2002）。那么，面对当前社会主要矛盾的转变，如何理解四川省本身存在的社会主要矛盾？四川省经济发展的不平衡不充分有哪些内涵和具体表现？如何解决四川省面临的社会主要矛盾，实现四川省经济更加平衡更加充分地发展？以上问题均是四川省政府和人民面临和亟需解决的重要问题。

四川省历来非常重视五大区域间经济发展不平衡问题，为了极大地促进区域间的协调发展，先后提出实施"依托一点、构建一圈、开发两片、扶持三区""五大经济区、四大城市群""多点多极支撑""一干多支、五区协同"等战略部署。2018 年，四川省发改委主任范波曾表示，四川发展不平衡主要表现在区域发展不平衡。从经济总量数据统计上来，成都平原经济区八市占四川省 17.8% 的面积，承载了四川省 45.8% 的人口，贡献了 60.6% 的经济总量；而"三州"地区占四川省面积的 60.3%，人口只占 8.4%，经济总量仅占四川省的 5.3%。尤其是成都平原经济区中的成都市一支发展独大，成都市经济总量是绵阳市经济总量（排名第二）的 6.7 倍，出现了较为严重的发展不平衡的情况[①]。同时，四川省的发展不充分问题也比较突出，比如：四川省的经济总量居全国前列，2022 年 GDP 总量位居全国第六位，但是人均 GDP 排名比较靠后，总量数值仅为 67777 元/人，位居全国第 20 位，且人均少于全国平均水平（85698 元/人）17921 元[②]。由此可见，四川省经济发展状况总量较大，但是人均不强。按照全部区域经济发展的一般规律，即当一个地区城镇化率达到 50% 以后，区域经济的空间形态将逐

---

① 数据来源：2022 年《四川省统计年鉴》。
② 数据来源：2022 年《中国统计年鉴》。

步迎来由"虹吸集聚"向"辐射扩散"发展的拐点。早在 2017 年，四川省的城镇化率为 50.4%[①]，就已经达到了拐点值。因此，从 2017 年开始，四川省就进入了"重塑区域经济版图"的重要机遇期。借此机遇期，四川省很有必要着力谋划推动区域协同发展，破解发展不平衡不充分的问题的路径和策略。为了破解发展不平衡不充分的问题，四川省已经开始实施了"一干多支"发展战略，构建"一干多支、五区协同"区域发展新格局，推动区域协同发展。同时可知，我国已经进入了新时代，经济已由高速增长阶段转向高质量发展阶段，群众在就业、教育、医疗、居住、养老等方面面临不少难题，而经济的高质量发展正是突破发展不平衡不充分的重要手段。可见，如何缓解四川省经济高质量发展不平衡不充分的问题，尤其是四川省区域经济高质量发展的不平衡不充分问题至关重要。

解决不平衡不充分问题，关键要清楚了解不平衡和不充分发展之间的关系。辛鸣（2017）认为"不充分"是"不平衡"产生的客观基础，"不平衡"会反过来加剧"不充分"。不平衡和不充分是不同的问题但二者之间相互作用。面对新的社会矛盾，统计研究方法也迫切需要围绕社会主要矛盾的转化而革新，应加强对人民美好生活水平以及发展中不平衡、不充分问题的动态监测，定量把握改善进程，总结推动改善的经验，了解制约改善的矛盾和问题，从而持续提升人民美好生活水平，为化解不平衡不充分问题提供决策依据。然而，现有的统计测度方法主要是围绕不平衡的测度，比如基尼系数、泰尔指数等不平等测度方法，但有关于发展不充分的测度统计方法尚未存在。于是，本书主要围绕四川省经济高质量发展"不平衡""不充分"两方面统计测度展开研究。尤其是对发展不充分的测度方法进行探索性构建，并将美好生活硬需要与之结合。通过对发展不平衡和不充分进行测度，可以动态监测四川省发展不平衡不充分程度以及改善的进程。通过建立统计模型，可以探究美

---

① 数据来源于：2022 年《四川省统计年鉴》。

好生活需要各项指标对于经济发展的作用，以启发四川省省政府在缓解不平衡、不充分问题上存在何种困难，可以在哪些方面做贡献，还需继续做出哪方面努力等等。

◑ 1.2 研究意义

本书研究的理论意义主要体现在：无论是美好生活水平指数的构建，还是四川省经济发展不平衡和不充分程度的测度，均是在发挥统计的监督职能、服务职能。通过对美好生活硬需要的理解，并将其与经济高质量发展不平衡不充分进行结合分析，均是对指标导向和统计调查体系的完善。尤其是通过构建完善的统计测度流程和方法来度量经济高质量发展不充分程度，是对原有方法的进一步扩展，进一步拓展了统计测度方法，以便更好地服务于现代化经济体系，从服务的视角进一步推动统计方法改革和创新。

本书研究的实践意义主要体现在：基于人民美好生活硬需要的内涵，从理论上论证高质量发展是打破发展不平衡不充分的重要途径，利用统计方法构建四川省经济高质量发展不平衡不充分指数，用以充分反映四川省经济高质量发展的增长情况，方便政府部门动态监测四川省经济高质量发展的变化态势。在此基础上利用功效系数法来判断四川省经济高质量发展的充分性，利用熵值法来测度四川省经济高质量发展的综合水平，最后，利用不平等指数及其分解方法来测度四川省经济高质量发展的不平衡性。最终探究出经济高质量发展在四川省五大区域间及区域内部的平衡性。同时还可以找出硬需要指标中哪些是导致发展不平衡和不充分的根本原因，进而探索出可缩小四川省经济高质量发展的不平衡和不充分的政策路径，以及全面、客观、及时地反映四川省经济高质量发展区域不平衡不充分与美好生活硬需要间的主要矛盾解决进程。

▶ 1.3　研究内容及方法

本书的研究目标在于测度四川省经济高质量发展的不平衡不充分程度，以及产生该种现象的根源，并提出能够改进该问题的办法。期望通过探索过程挖掘出该现象背后深层次的理论问题，并进一步完善不充分衡量方法，从而在研究方法上进一步扩展和延续。

1.3.1　研究内容

本书从我国社会现阶段主要矛盾出发，找出四川省社会发展的主要矛盾，按照层层递进的逻辑思路及图1-1给出的研究框架展开研究。

首先，探究四川省人民美好生活硬需要的具体内涵及其内容。十九大报告指出，目前制约人民美好生活需要的突出问题就是发展的不平衡不充分（潘建成，2017）。要从统计视角测度四川省经济发展的不平衡不充分，首先应该了解和掌握四川省人民对于"美好生活硬需要"所界定的范围。虽然软、硬需要同时被人们所需要，但对二者的要求内涵、统计操作可行性均不同。本书基于统计测度的可行性，将研究出发点和目标锁定在美好生活"硬需求"上。

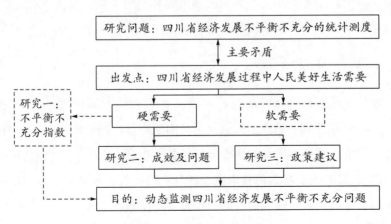

图1-1　研究总体框架图

其次，利用统计指数测度四川省"美好生活硬需要"的指标对于经济高质量发展的影响。通过不平等指数及分解模型，一方面，利用不平等测度指标来准确监测四川省经济高质量发展整体水平，及其在不同区域内发展的平衡性；另一方面，可以获取与美好生活硬需要相关的经济高质量发展的不平衡程度，以及美好生活硬需要各项指标在经济高质量发展不平衡中的贡献。基于此，方便实时监控经济高质量发展不平衡的动态变化，挖掘出硬需要中哪一方面是致使不平衡程度加重或减轻的根源。

再次，基于不平衡和不充分测度结果，不仅测度了四川省经济发展不平衡程度，同时也找出了导致其不平衡发展的原因。因此，这部分结合统计分析结果，可以深入探究出四川省经济高质量发展取得的成效，重点是挖掘出四川省经济发展不平衡存在的问题，为后续政府制定减缓四川省经济高质量发展不平衡的政策提供依据。

最后，结合统计结果和四川省实际发展的状况，利用新的不充分不平衡测度方法对四川省各市（州）经济高质量发展不充分、不平衡程度进行测度，可清晰辨别出与参照市（州）相比，自身发展不充分原因以及差异程度，为促进市（州）制定经济发展的充分性政策给出指向性参考，提出改善四川省经济高质量发展的政策建议。整个研究过程充分发挥统计服务的职能，为加快四川省又平衡又充分的经济发展提供统计监督功能。

1.3.2 研究方法

本书采用多种统计方法对与"硬需要"相关的四川省经济高质量发展过程中存在的不平衡不充分问题、内涵概念、作用机制、不平衡和不充分程度、缩小不平衡和不充分的路径逐步深入剖析。项目研究过程和思路按照图1-2所示的技术路线展开。研究首先通过对文献的梳理，构建出符合四川省省情的经济高质量发展的指数，了解不平衡不充分发展包含的内容，并与四川省生活硬需要进行匹配；其次，利用熵值法测度四川省经济高质量发展的水平；最后，利用不平等指数及其分解方法，一方面测度与"硬需要"相关的四川省经济高质量发展不充分、不平衡的程度。另一方面探究硬需要各项指标对于经济高质量发展不充分，尤其是不平衡作用机理以及贡献度。通过上述统计分析得到的结论，不仅有助于检测经济高质量发展的不平衡不充分与美好生活硬需要之间的矛盾关系，同时也有助于找出能够缓解四川省经济高质量发展不平衡不充分的路径。

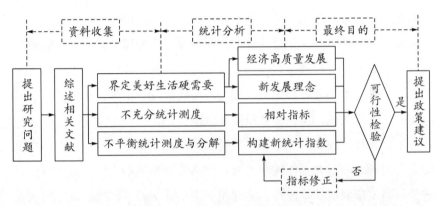

图1-2 基本研究思路和方法

本研究以统计分析为主，理论研究和经验研究相结合。理论研究主要体现在对于四川省人民美好生活硬需要上的探究，将美好生活需要划分为"硬需要"和"软需要"，并结合统计指标构建的可行性、可操作性，仅分析了"硬需要"方面。经验研究体现在，首先利用综合评价方法来构建经济高质量发展不平衡和不充分指数，再利用不平等指数及其分解方法来测度来分析四川省五大区域间及区域内部经济高质量发展不平衡状况。其次，再次利用不平等指数及其分解方法，测度基于"硬需要"涉及的指标对四川省经济高质量发展不平衡的贡献。现有的不平等指数并不能直接用以分析发展不充分问题，基于不充分指数的基础上，构造能够准确衡量经济高质量发展不平衡程度的统计方法。此外，为了验证新构建的统计方法可行性，利用新的统计方法对四川省的宏观数据进行分析，并结合实际情况进行对比分析。

◐ 1.4 研究重点及创新之处

1.4.1 研究重点

第一，社会发展的新矛盾是全国人民面临的新课题，本研究将重点结合四川省经济高质量发展的特殊性，探究四川省人民对于美好生活硬需要包含的内容。然而，并非所有的生活需要均能够被统计指标量化。不能够被量化的部分，正是统计部门需要进一步发展的方向，及时调整统计调查方向，更好地为政府制定政策提供数据支撑和发现最新的民生问题。于是，本书通过构建四川省经济高质量发展指数，可以有效、实时监测四川省人民的美好生活硬需要状况。

第二，经济发展不充分、不平衡问题是四川省经济高质量发展面临的重要问题之一，尤其体现在区域经济高质量发展不平衡上。要有效促进经济高质量发展的平衡性，关键在于找出发展不平衡的根源。本书建立统计指数，利用不平等指数及其分解方法找出与硬需要相对应的指标作用于经济高质量发展的机理，可以快速分析出哪些需要是导致经济高质量发展不平衡的原因，以便政府有效监督四川省经济高质量发展的平衡性状况。

1.4.2 创新之处

第一，本书将经济高质量发展的研究对象锁定在美好生活"硬需要"上。结合四川省发展省情，从美好生活硬需要的视角，构建四川省经济高质量发展指数，利用综合评价方法测度其发展水平，用以监测四川省人民对于美好生活硬需要的动态变化。

第二，构建了完善且完备的统计测度流程。利用不平等指数和分解方法对不同经济区域之间、经济区域内部的经济高质量发展水平指数进行测度，用以监测四川省区域经济高质量发展的差异。同时，利用现有的统计分析方法，一方面探究美好生活"硬需要"中各项指标是如何作用于发展不平衡的，另一方面挖掘出美好生活"硬需要"哪些方面是导致发展不平衡的根本原因。

　　第三，找出缓解四川省经济发展不平衡不充分与人民美好生活需要之间矛盾的路径。结合四川省发展的实践及统计分析结果的论证，为政府相关部门制定缩小经济发展不平衡的政策提供依据和建议。

第 2 章

研究现状评述

2.1 美好生活需要的内涵相关研究

现阶段社会主要矛盾已经发生转变，这种转变主要体现在两个方面，一是从起初的"物质文化需要"转变成为"美好生活需要"，二是从解决"落后的社会生产"问题转向解决"不平衡不充分的发展"问题。这是我们新时代发展面临的新问题，也体现了中国共产党以人为本的发展思想。

为了编制好四川省美好生活硬需要相关指数，本书以社会主要矛盾的两个方面为着力点，首先广泛地搜集了人民美好生活需要的国内外研究文献。从文献上来看，美好生活需要研究集中在马克思主义理论学科领域。此外，在哲学、教育学、政治学、社会学、管理学以及经济学领域也有少数研究（颜军和朱旭，2019；黄一玲，2021）。方世南（2018）以马恩学说中的生态权益向度为起点，强调美好生活和生态权益的内在辩证逻辑，对美好生活的内涵进行了诠释。王刚和李爽（2022）认为美好生活是现代人类在改造现存社会的基础上，根据社会发展的要求，对自身合理理性需求产生的期望。实现美好生活并满足人民的美好生活需求是一项内涵丰富、系统性的工程。这些论述深入挖掘了人民对美好生活的深层次需求，充分诠释了中国共产党的初心使命和坚持"人民至上"的执政理念。

不同学者对于美好生活需要的内涵理解不同。刘须宽（2017）把人民对美好生活的需要看成从量到质的转变，认为人民的需要与经济产品有着本质上的不同，前者表现在"质"，后者表现在"量"，其中"质"是无限的，而"量"是有限的。具体而言，"质"的需求体现在受尊重、被敬仰、爱艺术、多道义、行法治等方面。翟绍果和谌基东（2017）对共建美好生活的时代意蕴、内涵特质以及实现路径进行了探讨，其逻辑内核为"共生共识共建共治共享"，并在此基础上提出将经济、社会、民生、文化、生态发展融入建设的全过程，具体而言，就是要"以生态环境共生为前提、文化理念共识为基础，民生福祉共享为目标"。俞光华和黄瑞雄（2018）认为美好生活包括客观的物质环境和主观的需要与期待；其包含物质幸福的同时也包含精神幸福；一方面注重客观环境对幸福的促进，另一方面关注主观幸福的建构；一方面重视幸福的创造，另一方面体贴幸福的享受；一方面关照个体的幸福，另一方面珍视幸福的共享；一方面强调世界的和平发展，另一方面保护人民的幸福安康。总而言之，美好生活囊括了主客观幸福生活的各个方面。佟德志和刘琳（2019）把美好生活需要分为两大类，一类是物质文化需要，另一类是政治价值需要，其中对政治价值需要又分为民主、公平、正义、法治四个方面。秦维红和张玉杰（2020）从物质和精神两个维度具体阐述美好生活需要，认为从物质维度看，即丰富的物质文化需要；从精神维度看，即高品质的文化需要、公平正义的政治需要、有尊严的社会需要以及和谐美丽的生态需要，同时还强调了人民美好生活需要的人民性，强调要以人民为中心，正确地、平等地满足人民的美好生活需要；进一步地提高人的需要层次，激发和满足人民美好的精神需要。丰子义（2021）认为美好生活不仅包括物质生活，还包括政治、文化、社会等方面的生活。只有这些生活得到充实和提高，才能称为"美好"。对于"美好生活"，应避免极端化理解，从"全面生活"角度把握。对于"需求"，应具体、历史地看待，在合理性、正当性上坚持内外尺度的统一、合目的性与合规律性的统一。对于需要的"主体"，应突出人民主体地位，处理好个体与社会需要之间的关系，同时处理好人作为目的与手段的关系。对于需要的"满足方式"，应视为"文明"

问题，注重增强消费的文明意识、转变消费方式、确立健康的生活方式。刘儒和王江涛（2022）认为，美好生活的内涵可从层次性、历史性、社会性三个维度阐释。人民对物质文化生活的要求不断提高，对安全、环境、民主、公平、正义、法治的需求也日益增长，体现了美好生活的层次性要求。人民对美好生活的广泛需要展示了其具有历史性，与人类社会的发展密切相关。美好生活需要中"民主、法治、公平、正义、安全、环境"等类型的变化表达了生活发展的社会性。

从个别视角研究美好生活需要的内涵。吴万宗等（2018）从收入不平等切入人民美好生活需要，把产业结构变迁分解为合理化与高级化，研究了产业结构对收入不平等的影响，研究发现产业结构合理化能改善收入分配不平等，但产业高级化对收入差距的影响并不清晰。史云贵和刘晓燕（2018）提出了绿色治理的国家治理模式，认为绿色治理出于"绿色"意涵丰富性、治理多样性和分析范式的创新性，为人民美好生活需要的解决提供了一种可行方案。武靖国（2018）从财政功能的角度切入人民美好生活需要，探讨了先进、科学、现代的财政制度是满足人民美好生活需要的重要物质基础。王先亮和张瑞林（2020）认为体育产业是实现美好生活的关键。当前，体育产业面临高速增长和高质量发展的双重机遇和挑战。为了实现高质量发展，需要改善体育产品谱系、体育产业价值链和质量与效益。同时，创新是推动体育产业高质量发展的根本动力。

对美好生活的特征进行分析。认为美好生活需要具有个体差异性、发展阶段性、供给约束性和收入约束性等特征（李松龄，2019）。白暴力和傅辉煌（2019）认为人民美好生活需要是在原有需要得以满足的基础上产生的更高层次的新需要，其具体内涵同样是多层次、递进式的。沈湘平和刘志洪（2018）认为当前我国人民的美好生活需要具有高度复杂性，以前没有被突出的软需求逐渐上升为刚需，并呈现显著的比较特征，同时还强调了硬需求的存在与持续变化以及硬需求的实现与软需求的实现之间的关系。具体而言，"硬需求"不会消失也不应被忽视，反而要更加重视与满足，如果忽视"硬需求"，那么"软需求"就失去了实现的根基。尹杰钦等（2021）认为美好生活是人民对未来生活的乐观期望以及对现实需求和利益的具体表达，是新时代中国人民获得感、满足感和幸福感的来源和体现。在民族复兴的伟大征程中，为了更好地丰富和发展人民对美好生活的需求，我们需要准确理解和全面把握美好生活需求的主体性、制约性、多样性和动态性。刘志洪和魏冠华（2022）认为，美好生活在一般意义上具有全面性、主体性、公共性、稳定性和发展性。而在特殊意义上，深层需求的满足超越了对物质的依赖，具有高度创造性和真正自由的特质，构成了当代美好生活的关键特点。

2.2　基于美好生活需要指数构建的相关研究

有关美好生活需要量化分析的文献主要可以划分为两个部分，一部分是由代理变量进行替代，一部分是针对美好生活需要内涵直接构建衡量指数。

由代理变量进行替代的相关研究主要包括：美好生活需要指数的研究主要围绕如何综合评价美好生活需要的水平展开。国内外相关领域的专家学者常常采用民生、福祉、幸福值以及生活质量等概念作为代理变量，首先对其内涵进行界定，并对其发展程度进行定量评价和分析。从国际视野来看，主要包括：联合国开发计划署在 2022 年所编制的人类发展指数（UNDP，2022），经济合作与发展组织同样于 2020 年所编制的美好生活指数（OECD，2020），社会进步协会于 2017 年所编制的社会进步指数（Porter et al.，2017）。从国内的研究视角来看，国内相关领域的机构的研究高度集中在民生指数，具体包括：北京师范大学中国民生发展报告课题组自 2011 年开始，连续多年发布中国民生发展指数对中国民生发展状况进行研究，国务院发展研究中心中国民生指数研究课题组于 2015 年开始编制中国民生指数。此外中国人民大学中国调查评价中心于 2007 年编制中国人民大学中国发展指数，国家统计局编制小康指数（潘璠和杨京英，2011）等。

　　针对美好生活需要内涵直接构建衡量指数。潘建成（2007）认为美好生活指数应该涵盖经济生活、就业状况、文化教育、民主法治环境、经济安全等维度。朱雨可等（2018）从消费经济视角切入，分别从消费水平、消费品质、消费满意度三个方面构建了美好生活消费需要的三级维度，进一步用城乡发展、区域协调、收入分配、供需平衡、消费质量、精神幸福感等九个次级维度来衡量美好生活消费需要的满足程度。王俊秀等（2020）通过美好生活需要测量工具的编制和社会心态调查，结合定性和定量的方法，发现美好生活需要与包含获得感、安全感、幸福感三方面的社会心态高度相关。郑建君（2020）开发和编制了测量中国公民美好生活感知的调查问卷，指出获得感是幸福感形成的重要基础，安全感同时发挥了中介和调节的影响作用，在获得感与幸福感的影响关系中扮演了连接器和催化剂的角色。程中培和乐章（2020）从新时代民生事业的保障和人类需要理论出发，建构起具有中国特色的基本生活需要标准，包括收入、医疗、教育、住房和照料五个维度的货币指标和非货币指标。方巍（2020）从舆情指数的角度，以个体层面的基本生活保障和文化精神生活、社会层面的市场公共服务和社会生活环境以及富有中国文化特色的人伦关系诉求等五个纬度构建美好生活评价指标体系。徐士珺（2020）站在农户主体性视角构建农民美好生活水平评价指标体系，其中包含经济、政治、社会、文化、生态、精神六个维度，并发现农民美好生活状况与其个体的和家庭的特征高度相关。

2.3 对发展平衡性和充分性内涵的理解

　　十九大报告指出，发展的不平衡不充分是当下制约人民美好生活需要的突出问题。这也是我国的特殊国情。自此，国内专家学者对于发展不平衡不充分的内涵及包含的具体内容给予了界定。

（1）发展平衡性和充分性相关研究。

有关发展平衡性和充分性的内涵研究。潘建成（2007）认为政府统计应同时构建平衡指数和充分指数，从而在人民美好生活水平的发展中对不平衡以及不充分问题实行动态监测。其中，平衡指数应包括居民收入、城乡发展、区域发展三个方面的差距，以及民生短板，此外还应该包括投资和消费、产业发展两个方面的不平衡等；充分指数应包括创新及经济增长新动能和效率指标，以及质量指标还有社会资源是否得到了充分的利用等。辛鸣（2017）认为我国在发展中的不平衡主要体现在领域、区域和群体三个维度。其中，领域不平衡是指，我国在过去的几十年中，经济领域发展与政治、社会、文化等领域发展的不平衡，尤其是生态文明建设领域的发展与经济领域的发展相比较为落后；所谓区域不平衡，包括东中西部、城乡、发达与欠发达地区不平衡，以及区域内部发展不平衡；而群体不平衡，指的是在共享发展成果时不同群体之间存在差距，理想的财富公平正义分配格局所依赖的橄榄型社会结构有待形成。胡鞍钢和鄢一龙（2017）认为我国经济社会发展仍然不平衡。其中经济方面的不平衡主要体现在收入和消费两个方面。收入不平衡包括地区、城乡收入发展的不平衡；消费不充分体现在经济总量与消费支出的比例不平衡，消费占经济总量的比重较国际水平偏低，无法满足消费对经济增长的促进作用。社会方面的不平衡与不充分包括教育和医疗以及社会保障等方面。教育方面的不平衡和不充分体现在教育经费投入和教育质量以及就学机会的城乡差异，东部与中西部的差异；医疗方面的不平衡和不充分体现在卫生健康投入和卫生服务的可及性和利用程度以及卫生健康的城乡差异；社会保障的不平衡和不充分体现在社会保障支出占 GDP 的比重以及养老保险覆盖率与群众对社会保障的需求和应对社会老龄化问题的不平衡和不充分。刘峰（2017）认为当前我国经济在总量和结构、质量以及速度四个方面显示出发展的不平衡和不充分。杨继瑞和康文峰（2018）认为当前我国经济社会发展不平衡体现在城乡、区域、产业、行业等方面，发展的不充分问题体现在改革、创新驱动、对外开放、要素供给等四个方面。李伟（2018）分别针对不平衡和不充分给了定义，其中不平衡的内涵包括比例关系的不合理和包容性的不足以及可持续性不够，属于经济社会体系结构层面的问题，其对生产率的全面提升产生制约效果，主要体现在实体经济和虚拟经济、区域、城乡、收入分配、经济与社会、经济与生态等方面的不平衡。而不充分的内涵包括发展不足和潜力释放不够以及发展中的短板，属于总量和水平层面的问题，主要体现在市场竞争、效率、潜力、有效供给、动力、制度创新等方面的不充分。万是明（2018）将发展中的不平衡问题和不充分问题区别开来，其中不平衡指的是发展中的不协调与不和谐，而不充分的内涵是发展得还不够，还不能充分满足人民更高质量和更高层次的需要。许宪春等（2020）把不平衡不充分分解为发展不充分和发展不平衡两个方面，其中将发展不充分解读为实际发展水平与目标发展水平之间的差距，将发展不平衡进一步分解为区域、城乡及经济与环境、环境与社会、社会与民生等领域之间。王嵩等（2020）将不平衡不充分看作一个整体进行平衡与充分发展水平的测度研究，并且认为平衡与充分发展体现在区域、城乡和产业三个层面。李海舰和杜爽（2022）认为，我国社会主要矛盾的主要方面是发展不平衡和发展不充分，也是全面建设社会主义现代化国家新征程所需重点解决的难题。发展不平衡问题表现在不同领域之间的发展失衡，以及经济内部结构的不协调。而发展不充分问题则体现在关键领域和关键环节存在短板和弱点，同时也表现为发展质量和效益不高、全面性不足、包容性不够。

大部分研究从国家整体视角展开，关于个别省份的发展不平衡不充分问题的研究较少。王颖纯等（2012）以循环经济为视角分析长江三角洲经济区的相关指标，发现其发展水平与趋势在总体上是不断上升的，但区域的内部的不平衡性问题较为严重，归因于区域内部差距较大，缺乏统一健全规划，基本理念普及不均衡以及技术支持不平衡。汪存华等（2013）着重分析了南疆和北疆地区在资源禀赋和区域政策以及区位条件等方面的差异，以及这种差异对南疆地区经济发展以及北疆地区经济发展的不平衡作用。高原和周诗（2014）运用人口加权变异系数对广东省的不平衡问题进行了测算，发现广东省既存在四大区域之间的不平衡，同时也存在区域内部的不平衡，并且前者是主要动因，后者是次要动因。秦放鸣和焦音学（2016）监测新疆的区域经济发展不平衡，发现其区域经济不平衡程度逐年降低，但依然处于严重状态，并且内在动因正在转换，过去主要是区域内部的不平衡，目前则主要是区域间的不平衡。梁君和王蒙（2017）聚焦广西省经济社会发展的不平衡不充分问题，认为广西省经济社会发展的不平衡问题体现在产业、区域、城乡基础设施和收入，以及生产力、科技、民生方面。万忠和方师乐（2019）以广东省为分析样板，发现广东省的经济发展存在城乡、区域、收入方面的不平衡和不充分，并主要集中在粤东西北。徐生霞和刘强（2019）从劳动报酬为切入点，剖析了北京地区区域内部及区域间的发展不平衡问题，发现前者有恶化的趋势，后者有缓解的趋势，并且提出了将后者的差异作为主要努力方向，并进一步指出教育是影响区域经济发展不平衡的主要因素之一。沈肇章和陈酉晨（2020）同样以广东省区域经济不平衡为研究背景，分别将全要素生产率和财政科技投入作为被解释变量和解释变量进行回归分析，发现财政科技投入向粤东西北倾斜可以缓解广东省区域经济发展不平衡。陈明华等（2022）基于高质量发展指数分别测度黄河流域高质量发展的不平衡与不充分水平，并从空间和结构视角分析其成因。鲁万波等（2023）从平衡发展和充分发展两个维度构建了西藏自治区经济高质量平衡发展充分发展的指标体系，评估了 2006—2020 年间西藏自治区各地市经济高质量平衡充分发展状况。

关于导致发展不平衡不充分根源的研究。陈长石和丁胜（2017）采用产业结构偏离指标研究经济发展不平衡问题，发现随着产业结构偏离程度的提升，不平衡问题将进一步恶化，并且发现这种不平衡问题主要是通过组内不平衡进行传导。陈鸿宇（2017）认为空间经济发展差异产生的原因不外乎地理区位和资源禀赋以及人文因素，体现在区域、城乡两方面。苏庆义（2018）建立了多地区多产业的李嘉图模型，着重探讨了市场分割与区域经济发展不平衡的关系，发现市场分割是区别于资本禀赋差异和技术差异等传统因素的、对我国区域经济发展不平衡产生重要影响的新因素，并且提出通过调整新因素来解决区域发展不平衡的问题。孙志燕和侯永志（2019）认为当先行发展地区在过去积累的资本优势转化成为对要素的强大的聚集的能力时，会进一步加剧区域发展的不平衡。商晨（2019）通过分析二元经济结构的形成，发现资本聚集将导致地区间分工深化水平出现差距，这也是二元经济结构形成的原因，这种二元经济将导致发展不平衡问题。陈梦根和张帅（2020）对泰尔指数进行四大地区分解，发现四大地区间的经济差异是我国地区经济不平衡的主要根源。冯志轩等（2020）从政治经济学的理论视角和经验研究出发，静态上解释了地区间发展水平差距的形成，动态上解释了地区间发展差距先升后降的趋势，并指出中国地区间的发展差距主要来源于价值生产能力的差距。赵儒煜和许军（2020）基于要素集聚度指数和经济发展指数，考察了东北地区要素集聚与发展不平衡之间的关系，发现区位禀赋差异、偏向城市的区域发展政策，以及技术进步和产业转型等是东北地区要素集聚和发展不平衡的主导因素。王曦璟（2021）通过指数分解和面板数据的分位数回归，研究了收入、教育和医疗维度之间的不平等相互作用。研究结果表明，教育不平等和医疗不平等与收入不平等存在双向影响关系。教育不平等和医疗不平等的增加会加剧收入不平等，这意味着教育和医疗维度的差距扩大，一定程度上会加强收入不平等。同时，收入作为人力资本投资和健康投资的重要限制条件，其差距会转化为教育和医疗维度上的不平等。

关于破解发展不平衡不充分的策略研究。张谨（2013）认为我国东北、中部、西部与东部这四大区域在文化建设领域存在差异，包括文化基础设施建设以及文化对经济的贡献等，要缩小落后区域与先进区域在文化建设领域的差距，应持续推进这两方面的扶持工作，探索建立区域联动的相关体制机制，科学开发，最终形成区域文化产业的差异化格局。何慧爽（2013）认为持续缩小地区差异是中原经济区协调发展的重要任务，具体要从经济协调、社会生活、资源环境和科教文化四个方面着手，其中促进经济的协调发展是中心；此外还需要建立城乡之间的利益协调机制，建立生态补偿机制，完善市场体制。刘峰（2017）认为税收治理是破解我国经济发展不平衡不充分难题的重要方法。蒋永穆和周宇晗（2018）认为发展不平衡体现在城乡、区域、结构三个方面，发展不充分体现在创新、改革、开放三个方面，应以持续推进经济体系的现代化建设为抓手破解这些发展中的不平衡不充分问题，进而破解整个社会发展的不平衡不充分问题。孔海涛（2018）从环境规制类型切入，认为命令控制型和隐性的环境规制能缩小区域经济发展的差距，西部应该比东中部采取更多的激励型环境规制。张荐华和高军（2019）针对我国区域经济发展不平衡的问题提出了五个对策：加大政府从政策上向中西部地区和东北地区倾斜的力度；强化对政府干部的管理和考核；推动"三大战略＋四大板块"区域总体的发展战略；加大实施乡村振兴这一激发乡村活力、缩小城乡发展差距战略的力度；深入贯彻落实供给侧结构性改革。许广月（2019）提出解决我国当下的发展不平衡不充分问题，应运用发展经济学的相关理论，具体而言，采取系统思维作为方法论纲要、采取战略思维作为宏观指南、采取革命思维作为持恒态度。倪斐（2020）提出了解决区域发展不平衡问题的内生型地方法治路径，首先要明确地方法治建设的主要目标，其次围绕地方法治建设目标发现和利用区域优势资源，最后通过制度创新吸引和整合区域优势资源。张明源（2021）将地区竞争机制纳入模型估计进行研究，表明当地区竞争机制不存在时，对相对不发达地区在投资支出方面的倾斜能有效降低区域发展的不平衡程度；当地区竞争机制存在时，在发达地区加大政府投资支出，促进产业投资建设会有效改善区域发展不平衡问题。郑有贵（2022）指出中国共产党在推进中国式现代化进程中，致力于促进现代化的全面协调发展，将全面性与重点性统一起来。通过从人的现代化发展出发，推动经济社会协调发展；在产业体系现代化演进中促进产业协调发展；夯实农业基础，构建完整的工业体系和国民经济体系；发挥虚拟经济的服务作用，巩固实体经济基础；促进城乡协调发展；推动区域协调发展。这些措施形成了促进现代化全面协调发展的路径。李海舰和杜爽（2022）认为在处理发展不平衡和发展不充分问题的关系时，应以高质量发展为主题，同时补强短板和提升长板，实现"六个统一"。这包括坚持系统观念和辩证思维，通过解决发展不平衡问题来解决发展不充分问题，通过解决发展不充分问题来解决发展不平衡问题。同时，要抓住改革、开放和创新三大举措，统筹推进协同解决"两类发展问题"，从而开创高质量发展和合理增速并重的新型发展模式。

（2）经济高质量发展的相关研究。

经济高质量发展的内涵研究。夏锦文等（2018）认为经济高质量发展涵盖供需、配置、投入产出、分配以及经济循环等方方面面，通过转变发展方式、优化经济结构、转换增长动力，最终使经济质量和经济效益都得到提升，并且认为这才是经济高质量发展的内核。马茹等（2019）认为，当下我国的经济发展面临诸多问题，包括但不限于结构性矛盾、资源环境问题、国内外形势等，高质量发展作为应时代而生的战略部署，是我国在新时期经济发展模式的选择，具有高质量、高效率、稳定和开放等特征。赵剑波等（2019）从三大视角剖析经济高质量发展，分别是系统平衡观和民生指向观以及经济发展观，进一步地，发现高质量发展除了经济增长，还囊括了与之具有高度相关性的政治以及社会文化等因素。梁丹和陈晨（2019）指出经济高质量发展是一个多方面的系统集合概念，包括但不限于发展的核心、目标、动力和底线，以及必要条件、内在要求和发展抓手等。郭周明和张晓磊（2019）认为高质量发展在开放型的经济中的体现包括速度目标"稳"、质量目标对标国际先进水平、重点领域由出口拓展为进口和在投资上从"引进来"到"走出去"。王永昌和尹江燕（2019）认为高质量发展是可持续发展，具有要素投入少、配置效率高、资源环境成本低、经济社会效益好等基本特征。国家发展改革委经济研究所课题组（2020）把经济高质量发展定义为供给体系质量高、供给体系的效率高和供给体系的稳定性高。孙祁祥和周新发（2020）将经济高质量发展的内涵归纳为三个方面：一是高质量发展必须贯彻新发展理念。二是经济高质量发展要从微观、宏观以及中观三个层面进行解读。其中在微观层面，企业依靠科技创新不断提升经济活力与市场竞争力，促进需求结构升级；在中观层面，产业结构不断升级，区域经济发展更趋均衡；在宏观层面，国际竞争力明显增强。三是高质量发展的成果能让全体人民共享。邬晓霞等（2020）将资源型经济高质量发展定义为经济增速合理，产业结构优化，创新驱动强劲，更高水平开放，更可持续发展以及共享发展成果。周侃等（2020）认为应保持生态效益和社会效益的发展与经济发展大致同步，特别是要关注相对贫困地区的高质量发展。岳欣（2021）提出经济高质量发展是持续稳定、高效低耗、结构平衡、创新驱动的发展。林伯强（2022）认为碳中和背景下的经济高质量增长要求实现"双脱钩"，经济增长需要尽可能与化石能源消费和能源电力需求增长脱钩。

关于经济高质量发展综合评价指数的构建。魏敏和李书昊（2018）系统性地建构了一个涵盖经济结构优化、创新驱动发展、资源配置高效、市场机制完善、经济增长稳定、区域协调共享、产品服务优化、基础设施完善、生态文明建设和经济成果惠民十个角度的经济高质量发展水平测度体系。李金昌等（2019）在充分理解了高质量发展内涵的基础上，从五个方面构建出了高质量发展评价指标体系，可为不充分发展的测度提供参考借鉴。张震和刘雪梦（2019）将经济高质量发展的指标体系建立在了经济发展动力、新型产业结构、交通信息基础设施、经济发展开放程度、经济发展协调程度、绿色发展、经济发展共享程度这七个维度之上。万媛媛等（2020）从生态文明建设和经济高质量发展两个角度切入，构建一级指标、二级指标并进行实证分析，其中，生态文明建设中又包含了资源利用、环境质量、生态环境保护和环境治理这四个一级指标；经济高质量发展中包含经济实力、科技创新、人口分布三个一级指标。郑耀群和葛星（2020）融合新时代新发展理念，构建了包含经济发展、科技创新、民生改善、社会发展和绿色生态五个方面、44 项指标的评价体系。陈景华等（2020）紧密围绕全面性、科学性、可操作性、动态性的原则，构建了包括创新性、协调性、开放性、可持续性及共享性五个子系统，共包含 41 个具体指标的中国经济高质量发展评价指标体系。贺大兴等（2020）从投资结构、产业结构、高新技术比重、环境质量、金融深化程度、性别平等和经济发展水平七个方面来衡量经济发展质量。杨耀武和张平（2021）从经济成果分配、人力资本及其分布、经济效率与稳定性、自然资源与环境以及与经济发展密切相关的社会状况这五个方面出发，构建了经济发展质量评价体系。丁守海等（2021）基于创新、协调、绿色、开放、共享这五大发展理念视角，构建了含有 43 项指标的经济高质量发展指标体系，并对全国各省区市的经济高质量发展水平进行了综合性评价。张侠和许启发（2021）认为，新时代下的经济高质量发展要从经济发展动力、效率创新、绿色发展、美好生活与和谐社会这五个方面进行测度。方若楠等（2021）从经济运行、创新驱动、社会和谐与共享、资源环境可持续四个方面构建了高质量发展指标评价体系，全面揭示了中国八大综合经济区高质量发展现状及其区域差异性。王蔷等（2021）为科学评价我国县域经济高质量发展水平，构建了县域经济高质量发展指标体系，包括经济活力、发展潜力、城乡合力、生态实力四个一级指标和 24 个二级指标。王静和方德斌（2022）基于根据发展经济学理论，运用函数模型，从理论上证明了经济高质量发展水平的提升是经济、社会、文化、政治和生态五大子系统增长率和发展弹性的共同结果。基于这一理论基础，结合当前中国经济发展的实际情况，构建了包括经济强度、经济结构、经济协调性、经济稳定性、经济效率、经济新动能、民生改善、基础设施、社会保障、生态基础、生态发展、政府治理能力、市场化机制、文化投入和文化产出在内的 15 个准则层指标体系。通过熵权法计算指标权重，并采用线性加权综合评价模型，测量中国省域经济高质量发展指数。

关于提高经济高质量发展的政策研究。陈诗一和陈登科（2018）将 2004—2013 年中国 286 个地级及以上城市的 PM2.5 浓度作为雾霾数据，并采用劳动生产率来度量经济发展质量，进而系统考察了雾霾污染对中国经济发展质量的影响以及其中的传导机制，最终发现雾霾污染对降低中国经济发展质量具有显著效应；城市化与人力资本是雾霾污染影响中国经济发展质量的两个重要传导渠道；政府环境治理能够有效降低雾霾污染，从而促进经济发展质量的提升。另外，给出了经济发展质量的提高是经济发展方式转变的前提，政府治霾有利于提升大气环境和经济发展质量，助推中国经济的高质量发展这一政策启示。田国强（2019）提出中国要通过政策协调和结构性改革推动这两条途径来迈向高质量发展阶段，具体落实为，加强财政政策和货币政策的协调配合性，促进金融体制改革，以及深化促进财政体制改革。同时指出，只有正确处理好政府与市场、政府与社会彼此之间的关系，才能真正意义上实现国家治理体系和治理能力的现代化，步入更高质量的良性平衡充分发展。郭全中（2020）认为文化经济政策要以高质量为导向，而高质量发展的基础是保证一定的发展速度，除此之外要保证产业结构以及区域结构都相对合理，供需基本平衡以及全要素生产率不断提高。李春艳等（2020）围绕技术创新对促进经济高质量发展的贡献给出三点建议：理清创新、市场和政府之间的辩证关系，打造活力高效的创新生态系统；客观面对区域差异，补短板和强长板合理结合；最大程度上释放创新活力为导向、努力推动创新的政策环境。宋洋（2020）基于数字经济、技术创新和高质量发展之间的关系搭建了理论框架，并通过实证研究，得出数字经济显著推动中国经济高质量发展的结论，对此建议，政府需要在核心产业、创新体系、营商环境、市场监管和数据要素市场化等方面进行深化改革。任保平（2020）对"十四五"经济发展的方向、主题和重点领域以及政策取向进行了研究，认为"十四五"时期，宏观经济方面要强化实施创新驱动战略，中观经济方面要持续推动产业转型升级，微观经济上努力培育创新主体和品牌产品，并且注重发展高水平的开放型经济，提升整体产业链的技术水平以及促进基础设施建设现代化。林靖宇等（2020）从空间均衡的角度出发，对中国区域协调发展问题给出了几点建议，包括顺应要素流动的客观趋势，加强对内开放合作，提升区域连接性和市场可达性；区别不同类型区域的主导问题，精准化空间政策设计；构建区域协调发展新机制，提供有效的激励机制，推动区域经济的可持续包容性增长。王满仓和吴登凯（2021）通过实证分析发现，近年来我国经济增长速度主要是潜在增长率下降引发的，而全要素生产率增长又导致了潜在经济增长率下降，因此提高经济高质量发展需要完善有效制度供给、优化结构以及提高全要素生产率。张兆同等（2021）聚焦农业高质量发展问题，对农业财政政策进行深入分析，提出政府应精准选择政策对象，致力于农业高质量发展的路径设计，构建科学的财政政策体系，强化政策工具的应用创新等政策建议。顾欣和韦柳馨（2022）认为在 RCEP 的背景下，长三角地区可以通过四个渠道推动开放型经济的高质量发展：推动制度联通、优化区域布局、产业转型升级和发展数字经济。然而，在发展过程中，仍需解决区域产业链受到两侧挤压、双向开放存在瓶颈和国际合作中的风险防范等三个关键问题。为此，长三角地区应采取具体路径，包括推进协定生效准备、构建国内外产业循环格局、加快形成先进制造业产业集群以及加强风险防范等措施，以促进地区开放型经济的高质量发展。

2.4 平衡性和充分性统计测度方法

从发展不平衡不充分的角度看，学者通常不会直接以不平衡或不充分的字眼开展研究，相对常见的是针对不平等问题的统计测度，特别是在收入分配领域，不平等测度最为常见，方法应用也最为广泛。这些可以为不充分指数和不平衡指数的构建提供参考依据。

不充分发展与充分发展相对应，指随着我国经济社会发展取得了重大成就，一些领域依然存在发展的不足和短板的现象（许宪春等，2019）。目前，国内外学术界针对衡量不充分发展的直接定量研究成果较少。杨晋超和吴骥（2018）提出通过统计的方法，从领域、群体、区域三个方面构建不平衡不充分的指标体系，从而达到对不平衡不充分的横向监测和纵向监测。潘建成（2018）提出将创新及经济增长新动能指标纳入不平衡不充分的指数中，并且创新及经济增长新动能还包括研发投入占 GDP 的比重、新兴经济增加值占 GDP 的比重、新兴经济领域投资占总投资的比重、反映前瞻性的基础研究和引领性原则成果的相关指标。师博和任保平（2018）基于经济增长基本面和社会成果这两个角度，利用最小—最大标准化方法将原始数据转换为无量纲化指标测评值，并赋予各数据一定的权重之后加总，最终获得了 1992—2016 年中国省级经济增长质量指数。研究发现，中国经济增长质量在波动中上升，同时地区间经济增长质量分布均衡，且经济增长质量与数量不一致。魏敏和李书昊（2018）构建了新时代下的经济高质量发展水平测度体系，选取了熵权 TOPSIS 法进行对所得数据进行实证测度，测度结果为：不同的省份具有不同的经济高质量发展子系统水平；按照经济高质量发展综合水平得分将 30 个省份划分为三种类型，分别是明星型、平庸型和落后型，发现东部地区主要是明星型，中部地区主要为平庸型，而西部地区则主要是落后型；在空间分布上，中国经济高质量发展综合水平呈现"东高、中平、西低"的特点。刘思明等（2019）通过编制创新驱动力指数并进行实证测量，发现创新驱动力综合指数、科技创新和制度创新指数以及各二级分项指数对一国全要素生产率均有显著正向影响。赵玉龙（2019）通过对 2003—2015 年 279 个地级及以上城市的数据进行实证测度，考察了金融发展、资本配置效率与经济高质量发展之间的关系，研究发现，金融发展对经济高质量发展具有显著的促进作用，资本配置效率也是影响经济发展质量的显著因素，另外资本配置效率还是金融发展影响城市发展质量的中介因素，但在不同区域间存在较大差别。最后指出，提高政府研发投入和互联网普及率有利于促进城市经济高质量发展。上官绪明和葛斌华（2020）立足于科技创新、环境规制与经济高质量发展的关系，通过搭建计量模型，发现科技创新和环境规制对经济发展质量具有显著的直接提升效应，同时，环境规制和科技创新促进经济高质量发展时存在协同效应，且环境规制还强化了科技创新对经济高质量发展的提升效应。彭定赟和朱孟庭（2020）运用聚类分析法和加权因子分析法对中国 30 个省份经济高质量发展水平进行测度研究和动态评价，提出经济高质量发展影响因素的优先序依次为：民生共享发展、经济优化发展、绿色生态发展、创新驱动发展、经济协调发展，但这五个维度的权重差距很小。另外表明，经济高质量发展取得一定成效的同时，区域间和领域间的发展不平衡不充分问题依旧突出。郑耀群和葛星（2020）基于投影寻踪评价模型和 Dagum 基尼系数及其分解方法，将中国 31 个省份作为研究对象进行实证测量，研究表明，中国经济高质量发展水平总体上呈波动性上升的趋势，但内部表现为东、中、西依次递减，并且各区域经济高质量发展存在明显的空间自相关性，经济高质量发展的区域差距总体在缩小。宫汝娜和张涛（2021）从经济、社会、生态三个维度构建了区域高质量发展指标体系，利用主观赋权法和客观赋权法对北京、天津、上海、广州、重庆、成都、武汉、郑州、西安九大国家中心城市的高质量发展水平进行了测度分析，发现九大国家中心城市的高质量发展综合水平整体呈上升趋势，但仍存在较大提升空间。杨沫（2021）利用我国省级面板数据，从创新、协调、绿色、开放、共享五大发展理念内涵出发建立评价指标体系，对中国省域经济高质量发展现状以及不平衡程度进行测算。研究发现，我国经济高质量发展不平衡程度有所降低，但是省域之间的创新和开放发展水平差距拉大，加剧了总体不平衡程度。

  虽然国内外学者针对衡量不充分发展的直接定量研究成果较少，但不平等方面的测度研究成果较为丰富，可以为构建不平衡指数提供参考。根据研究目的的不同，可以将不平等的测度方法划分为两大类，一类是概要不平等测度（郝令昕和 Daniel Q. Naiman，2012）；另一类是因素分解法（Wagstaff，2005；Erreeygers，2009）。具体来看，概要不平等测度方法针对非负且连续的变量本身，利用变量的分布特征来刻画不平等程度，主要包括基尼系数（万广华，2004）、阿特金森族指数和广义熵指数族（巫锡炜，2011）等方法。其中阿特金森族指数中含有不平等厌恶参数，广义熵指数族包含了敏感性参数，当参数值发生变化时，不平等测度结果亦会发生变化。尤其是当敏感性参数取值为 1，广义熵指数就简化为泰尔指数（Borrell 和 Talih，2011）。其中，变异系数、基尼系数、泰尔指数是常用的指标，适用于非负且连续的变量。此外，基于分位数的测量、阿特金森族指数、广义熵指数族等健康不平等的概要不平等指标构建的前提均是：变量是连续且非负变量。在上述方法的基础上，Krämer（2000）提出修正的信息理论测量族。该方法是更为一般的衡量不平等的方法——广义熵测量。

因素分解法针对引起不平等的因素，通过构建计量经济学模型或是指数分解剖析导致不平等的原因，构建模型分解方法。主要可以划分为不平等指数分解方法和基于回归方程的分解方法。但两个方法的实质上是对相对分布进行分解，也将其称作相对分布方法（Handcock 和 Morris，1999）。该方法的优势为：可以应用在取值范围没有限制的分布上。单调转换无关性，Stata 中可以使用 relrank package（Jann，2008）。对于相对密度分解和相对比例，可以使用非参数回归估计的方法来估计分布函数，同时按照人口学的某一属性对其进行对比分析。函数的改变分为：位置改变、尺度改变、位置和尺度同时改变。密度比和分解可以提供比较两个分布以及找出分布之间差异来源的工具。常用的是相对熵、相对极化（MRP）、集中指数等方法。相对熵和 MRP 方法可以用于分析两个分布之间分化程度的大小，以及与参照分布相比较时，比对分布是如何被两极化的。相对熵可以测量相对于某个参照分布的不平等，缺陷在于根据"保测函数"重新排序后，熵的属性具有不变性。MRP 指数可以测量比对分布相对参照分布更为极化的程度，缺陷在于不能揭示分布的哪一个尾部是极化的来源。为了消除 MRP 的缺陷，将 MRP 分解成上部极化和下部极化两个部分进行计算。较为常用的是集中指数及其扩展方法（Wagstaff，2009；Erreeygers，2009）、分位数的测量（Mata 和 Machado，2005）和基于分布的测量方法（江求川等，2014）。白春玲和陈东（2022）利用 CHARLS 数据，研究了"环境"因素和"努力"因素对中老年健康的整体影响。他们采用了事前参数法、Shapley 分解和非线性 Oaxaca-Blinder 模型以测量和分析机会不平等的程度，并基于方差分解方法进一步评估努力的相对贡献度。研究结果表明，环境因素中，儿童期的社会经济地位、16 岁之前在城市地区的居住以及社区环境对中老年人的健康具有长期正向影响。而在努力因素中，受教育程度对改善中老年人的健康水平具有明显作用。

关于不平等指数分解法上的研究有：基尼系数分解法是常用的不平等测度分析法。基尼系数最早由 Lorenz（1905）提出，主要用于收入分配方面的研究。然而在不平等测度中，集中指数及其扩展方法在研究不平等问题中较为常见，通常也可以将其进行分解研究（陈东和张郁杨，2015），但是只能研究单一变量对被解释变量不平等的影响程度。而基于回归分析的不平等测量方法可以避免这一问题。因此，在实际应用中应该根据研究问题的不同选择合适的测度方法。

关于基于回归方程的分解方法的研究有：为了研究关注变量之间的差异大小及存在差异的原因，Oaxaca（1973）最早提出了均值回归分解模型。现今，该模型已经得到广泛扩展和应用。但该方法只能在条件均值的框架下进行分解（Oaxaca，1973）。以 Oaxaca 分解模型为基础，Mata 和 Machado（2005）提出了分位数回归的 MM 分解方法，但他们并没有考虑变量可能存在的内生性。无论是 Oaxaca 分解还是 MM 分解，通过反事实分布的设定，仅将平等的来源划分成两个部分，即禀赋差异和系数差异，或是三个部分。MM 分解仅是从总体的角度将总差异分解成禀赋差异和系数差异。与 MM 分解不同，RIF 分解不仅可以从总体的角度对死亡率进行城乡差异分解，同时也可以对单变量进行差异分解

（Firpo 等，2007）。但最初的 RIF 分解方法存在缺陷，该方法并不能解决内生性问题。侯猛（2017）将 RIF 分解应用于工资差异分解。

◉ 2.5　文献评述

"发展不平衡不充分"一词在 2017 年才被提出，因此有关于发展不平衡不充分的研究较少，且多数停留在定义及不平衡的测度方面。具体表现在：第一，现有研究大部分是从我国发展不平衡不充分的定义及包含内容两方面展开，认为发展不平衡和不充分是不同的概念，但是二者之间相互作用。但现有研究尚未给出"不平衡"和"不充分"之间的理论作用关系和实证关系。第二，发展不平衡不充分是与美好生活需要相对应的，现有研究中不平衡不充分所包含的内容界定并没有与美好生活需要相匹配。因此，很难在统计上监测发展不平衡不充分与美好生活需要之间的矛盾是如何变化的，尤其是美好生活需要作用于发展不平衡不充分的路径，更加需要探究。第三，现有衡量不平衡的统计方法较多，如概要不平衡测度法和因素分解法。但是，尚未存在能直接衡量发展不充分的统计方法。而衡量不平衡的方法不能够直接用在不充分衡量上，主要是由于不充分和不平衡并非同一概念。因此，衡量发展不充分的统计方法应该被构建。

从发展不平衡不充分的角度看，学者通常并不会直接以不平衡或不充分的字眼开展研究，相对常见的是针对不平等问题的统计测度，特别是在收入分配领域，不平等测度最为常见，方法应用也最为广泛。采用这种测度方法的指数包括基尼系数、贫困指数以及泰尔指数等（Cowell，2011；陆康强，2007）；此外，还有将不平等聚焦到性别不平等，采用诸如性别不平等指数（UNDP，2017）和全球性别差距报告（World Economic Forum，2017）之类的指数研究性别不平等问题；另外，还有对领域之间发展不平衡测度的指数，如范柏乃等（2013）对我国经济社会不同领域的协调发展进行了测度研究。

| 第3章 |

四川省经济高质量发展充分性
和平衡性统计指数理论方法

本章首先对经济高质量发展及美好生活的内涵予以界定，深入分析四川经济高质量发展的主要矛盾；其次初步设计经济高质量发展指标体系的研究框架；再次利用统计指标和专家调查法对初步构建的指标体系进行论证；最终构建一套适用于评价四川省经济高质量发展不充分不平衡的指标体系。

3.1 指数构建思路

当前，我国经济社会的主要矛盾、比较优势和外部环境都发生了巨大变化，社会经济发展不能再走专注数量和速度的老路，必须走高质量发展的新道路，要把新发展理念贯彻高质量发展的全过程。高质量发展的内涵十分丰富，包括创新、协调、绿色、开放、共享五个维度。高质量发展具有五大本质特征：创新成为第一动力，协调成为内生特点，绿色成为普遍形态，开放成为必由之路，共享成为根本目的。基于新发展理念，推动高质量发展要从构建和完善机制入手，转换驱动机制，把科技创新作为第一动力；再创协同机制，处理好发展过程中的重大关系；建立倒逼机制，促进生产生活方式绿色转型；扩大开放机制，实行更高水平的对外开放；完善包容机制，促进共同富裕。

2018年6月30日，《中共四川省委关于全面推动高质量发展的决定》实施以来，四川省秉持：进一步深化省情认识、把握阶段特征，围

绕解决产业体系不优、市场机制不活、协调发展不足、开放程度不深等
问题，对实现四川高质量发展的政策举措、实施路径、工作机制等进行
系统谋划，推动四川由经济大省向经济强省转变，更好满足人民日益增
长的美好生活需要目标。2021 年 6 月，中国共产党四川省第十一届委
员会第九次全体会议通过《中共四川省委关于深入推进创新驱动引领高
质量发展的决定》，明确指出：全省上下要进一步提高政治站位和战略
站位，把创新驱动引领高质量发展作为一项长期而紧迫的重大任务来
抓，推动新时代治蜀兴川再上新台阶。

　　于是，四川省经济高质量发展的不平衡指数和不充分指数的编制，
基本上按照"基础性研究→研究视角和范畴的界定→指数编制方法的确
定→调整指数→建立最优指数"的研究思路（详见图 3 - 1）。本书首先
根据习近平在十九大报告上提出的社会主要矛盾，即人民日益增长的美
好生活需要和不平衡不充分的发展之间的矛盾，梳理了国内外相关研究
文献，充分理解了社会主要矛盾的内涵，而经济高质量发展是能够满足
人民不断增长的美好生活需要的动力之一（金碚，2018）。关于不平衡
不充分指数的编制方法的研究已较为丰富，这为四川省经济高质量发展
不平衡不充分指数的编制提供了较好的理论和方法借鉴。

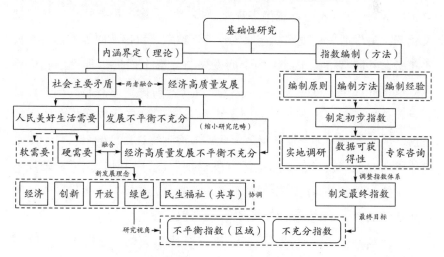

图 3 - 1　四川省经济高质量发展不平衡不充分指数的研究思路及技术路线

❿ 3.2 关于社会主要矛盾的内涵

3.2.1 人民美好生活需要内涵的界定

"美好生活"这一词语，首次出现在 2012 年习近平总书记在十八届中央政治局常委同中外记者见面会上，随后该词语被多次提出，亦成为新时代下民生的新代名词。该词语正式被提出是在十九大报告上，目前制约人民美好生活需要的突出问题就是发展的不平衡不充分（潘建成，2017）。与"日益增长的物质文化需要"相比，"美好生活需要"内容更广泛，不仅包括既有的"日益增长的物质文化需要"这些客观的"硬需要"，更包括在此基础上衍生出来的获得感、幸福感、安全感以及尊严、权利、当家作主等等更带有主观色彩的"软需要"（辛鸣，2017）。虽然软、硬美好生活同时被人们所需要，但两者的内涵要求、统计操作可行性均不同。从内涵层面来看，"硬需要"体现在升级，人们希望拥有更好的教育、更满意的收入、更可靠的社会保障、更高水平的医疗卫生服务、更舒适的居住条件、更优美的环境、更丰富的精神文化生活等。"软需要"体现出多样化、多层次、多方面的特点，从精神文化到政治生活、从现实社会地位到心理预期、价值认同等方面，对公平正义、共同富裕甚至对人的全面发展与社会全面进步都提出相应要求。从统计操作可行性层面来看，"硬需要"所涵盖内容易利用指标进行量化分析，而"软需要"所涵盖内容不易通过指标进行量化，需要开展新的问卷调查才能够获得。因此，考虑到统计测度的可行性，本书最终将研究范畴锁定在美好生活"硬需要"上。同时，为了从统计视角测度四川省经济高质量发展的不平衡不充分，应该对四川省"人民美好生活硬需要"的内涵进行界定。

人民美好生活需要日益广泛，不仅对物质文化生活提出了更高要求，而且在民主、法治、公平、正义、安全、环境等方面的要求日益增长[①]。由此可见，美好生活硬需要的内涵也应该是多元化的、多维度的、内容更为丰富的。随着我国社会生产力的不断提升，社会发展不平衡不充分已成为当代的热点话题和学术讨论的热点问题之一，同时也是美好生活硬需要发展的制约因素，这极大地不利于人民充分享受经济社会发展带来的红利，而经济高质量发展正是能够解决人民不断增长的美好生活需要的途径。同时，党的十八届五中全会提出的五大新发展理念（创新、协调、绿色、开放、共享）是经济高质量发展的内涵及评判标准（王伟，2020）。因此，本书基于新发展理念，将经济高质量发展的内涵与美好生活硬需要的内涵两者进行了融合，最终将人民美好生活硬需要的内涵具体划分为如下六个方面：

（1）经济健康发展。

经济健康发展是四川省经济高质量发展的重要物质基础和保障，是满足人民美好生活硬需要的首要条件。十九大报告中明确指出，中国经济正处在转变发展方式、优化经济结构、转换增长动力的攻关期。2023年中国政府工作报告中也强调要保持经济持续健康发展，主要原因在于发展是解决我国一切问题的基础和关键[②]。2021年四川省政府工作报告中指出四川省近五年大力推动经济转型升级，2022年四川省大力推动经济稳定恢复，整体经济效益实现了地区生产总值 5.67 万亿元（位居居全国第六位），四川省经济的向好发展也成为社会稳定的重要基石。三次产业结构由 2019 年的 12.1：43.5：44.4 调整为 2022 年的 10.5：37.3：52.2，第三产业的增加值占比明显得到了提升，基础设施条件也得到了持续改善。因此，经济健康发展应该包括经济效益的提升、经济结构的优化升级、基础设施与之相匹配、经济发展要素尤其是人力资源

---

①　习近平：《决胜全面建成小康社会夺取新时代中国特色社会主义伟大胜利》，2017 年 10 月 18 日。

②　国务院总理李克强 2021 年 3 月 5 日在第十三届全国人民代表大会第四次会议上的政府工作报告。

要素配置合理等。综上所述，本书确定的经济领域平衡充分发展指数构建的二级指标应该包括经济效益、经济结构、经济风险、交通基础设施四个方面。

（2）创新驱动发展。

创新是实现四川省经济高质量发展的核心原动力，是满足人民美好生活硬需要不竭的动力源泉。党的十八大明确提出科技创新是提高社会生产力和综合国力的战略支撑，必须摆在国家发展全局的核心位置，强调要实施创新驱动发展战略。创新驱动是创新成为引领发展的第一动力。党的十九大报告再次强调，要继续实施创新驱动发展战略。只有坚持创新驱动发展，国家或地区的产业体系才能够得到完善，企业产能及生产效率才能够得到极大的提升，进而激发高端人才和科技人才的创造能力，形成良性循环，整个国家或者地区的创新体系才能得到完善并形成创新机制。最重要的是充分发挥人的创造能力，更好地实现人力资本的自身价值，创造更多满足多种需要的物质基础，以此更好地为人民美好生活服务。四川省 2020 年启动了新一轮全面创新改革试验，在打造创新发展试验区、示范区和实验项目等领域取得了优异的成绩，同时深化了要素市场化配置改革。2023 年四川省政府工作报告中明确强调要加快建成国家创新驱动发展先行省。可以通过提高科技投入产出比率，加快数字经济创新发展，打造数字经济新优势等路径来深入实施创新驱动发展战略。综上所述，本书确定的创新驱动领域平衡充分发展指数构建的二级指标应该包括创新投入和创新产出两个方面。

（3）区域协调发展。

协调发展是四川省经济高质量发展的稳定基础，是满足人民美好生活硬需要的必然要求和稳定保障。中国发展不协调问题主要体现在区域、城乡、经济与环境、环境与社会、社会与民生等领域，而区域经济发展不平衡是发展不平衡的突出表现，四川省经济发展同样存在区域经济发展不协调的问题（袁天凤和邱道持，2002）。结合四川省的实际发展现状来看，四川发展不平衡主要表现在区域发展不协调上，主要是由于不同经济区（成都平原经济区、川南经济区、川东北经济区、攀西经济区和川西北生态经济区）的发展定位不同。因此，本书将研究范畴锁定在区域发展不协调上。十九大报告中明确指出要实施区域协调发展战略。2021年政府工作报告中也再次提出优化区域经济布局，促进区域协调发展。为促进四川省区域协调发展，2021年四川省政府工作报告提出实施"以成渝地区双城经济圈建设为战略牵引，深入推进'一干多支、五区协同'发展"的布局。协同发展不仅仅局限于城乡间的收入、消费等片面的因素，新发展理念中的创新、绿色、开放、共享等四个方面也应该得到协调发展。此外，四川省五大区域间的经济高质量发展、区域间的协调发展与平衡发展的内涵相一致，协调发展的目标是实现五大区域的一体化，平衡发展的目标是实现五大区域间的齐头并进，缩小高质量发展方方面面的差异性。因此，本书将平衡发展的内涵等价于协调发展的内涵，协调发展是平衡与不平衡的统一，在平衡指数和充分指数中不再单独列出经济高质量发展的协调性方面。

（4）生态绿色发展。

生态绿色发展是四川省经济高质量发展的重要目标，是满足人民美好生活硬需要的根本保障和必要要求。人与自然是生命的共同体，十九大报告中明确提出，要加快生态文明体制改革，建设美丽中国，首先就要推进绿色发展。随着经济发展和物质水平的提升，人民的美好生活需要更美好、更舒适、更健康的居住环境。只有着力解决好突出环境问题，如污水治理、良好的空气质量、固体废弃物和垃圾处置、森林绿化等方面的问题，才能与人民的美好生活硬需要相匹配。长期以来，四川省经济高速发展，整体的经济实力显著提升，但相伴而生的空气污染、水污染、少数民族地区生态保护意识欠缺等现象，导致不同区域的生态环境发展出现不平衡、不充分问题。为此，四川省深入打好污染防治攻坚战，实施巩固污染防治攻坚战成果三年行动计划，继续打好"八大战役"，加强空气、水质、生态环境等问题的监管、督查和整改。综上所述，本书确定的生态文明领域平衡充分发展指数构建的二级指标应该包括环境治理和绿色集约两个方面。

（5）对外开放发展。

对外开放是四川省经济高质量发展的必经之路和必然过程，是满足人民美好生活硬需要的重要路径。十九大报告中明确指出，要坚持全面深化改革，只有改革开放才能发展中国，才能发展四川省。四川省只有坚持全面对外开放，才能够持续增强发展的动力和活力。2022 年，在四川省落户世界 500 强企业新增 46 户、达 377 户，引进省外资金超 1 万亿元。人民的美好生活硬需要中对于产品的多元化需要日益明显，在利用外商和外资的同时，全方位的对外开放可以为四川省的要素市场化配置注入新的活力，进而刺激各类市场主体和企业的活力，形成优化的市场机制和市场价格，以更好地满足人民日益增长的不同的美好需要。为此，四川省政府在 2023 年工作报告中指出，未来四川省将继续扩大对外开放合作，如落实中欧投资协定、支持国家文化出口基地建设、加快建设国家级进口贸易促进创新示范区和跨境电子商务综合试验区等。综上所述，本书确定的对外开放领域平衡充分发展指数构建的二级指标应该主要测度外资利用方面。

（6）民生福祉发展。

充分保障好民生福祉的发展是四川省经济高质量发展的必然要求和归宿，也是满足美好生活硬需要的根本目的。十九大报告提出的"幼有所育、学有所教、劳有所得、病有所医、老有所养、住有所居、弱有所扶"是民生发展的根本要求。只有充分保障好民生福祉，才能不断地让全体人民可以共享经济发展带来的福利，从而获得更多的幸福感、满足感和安全感，只有"硬需要"充分被满足后，"软需要"才能够更好地被发展和获取。民生福祉是与人民美好生活硬需要最为直接和密切相关的内容，要充分解决好人民群众最关心最直接最现实的利益问题，即更好的教育、更稳定的工作、更满意的收入、更可靠的社会保障、更高水平的医疗卫生服务、更舒适的居住条件、更优美的环境、更丰富的精神文化生活[①]。人民群众对美好生活的需要呈现多样化、多层次、多方面的特点。十九大报告中明确指出,要优先发展教育事业、提高就业质量和人民收入水平、加强社会保障体系建设、实施健康中国战略等。为此,2023 年四川省政府工作报告中也明确提出要持续增进民生福祉,重点放在一般公共预算民生支出、重点群体就业工作、义务教育、基本公共卫生服务、城乡低保、解决大城市住房等人民群众最关心的方面上。综上所述,本书确定的民生福祉平衡充分发展指数构建的二级指标应该包括医疗健康、人民生活、社会保障、教育四个方面。

综合上述研究表明,本书对人民美好生活硬需要给予界定,即为了满足人民美好生活硬需要,应该以经济健康可持续发展作为重要物质基础(首要条件),以创新驱动发展和对外开放作为动力源泉和发展路径,以生态绿色发展作为重要保障和必要要求,以保障好民生福祉的发展作为必然要求和最终目的。进而实现四川省经济高质量发展,即经济、创新、绿色、开放和共享等五个方面的充分和平衡(又称之为协调)发展。

3.2.2　经济高质量发展平衡性和充分性的内涵及测量方法

2023 年四川省政府工作报告中指出:在新发展理念指引下,四川经济发展取得了显著成就,进入了高质量发展新阶段,然而发展不平衡不充分的问题仍然突出。十九大报告中强调:发展不平衡不充分这一突出问题已经成为满足人民日益增长的美好生活需要的主要制约因素。然而经济的高质量发展正是打破这一突出问题的主要途径之一。因此,本书基于人民生活硬需要的内涵,分别给出四川省经济高质量发展不充分、四川省经济高质量发展不平衡的内涵和测量方法。

---

①　习近平在省部级主要领导干部"学习习近平总书记重要讲话精神,迎接党的十九大"专题研讨班开班式上发表重要讲话,2017 - 07 - 27。http://www.gov.cn/xinwen/2017 - 07/27/content_ 5213859. htm.

（1）四川省经济高质量发展充分性的内涵和测量方法。

四川省经济高质量发展不充分问题是长期存在的，不充分是绝对的，充分只是相对的。于是，本书将四川省经济高质量发展不充分的内涵定义为：相对于发达地区，当下经济高质量发展存在不足，主要表现在产业体系不优，市场机制不活，协调发展不足，开放程度不深，创新能力还不适应高质量发展要求，生态环境质量提升还需加大力度，就业、教育、医疗、住房和养老等方面仍有不少薄弱环节，治理和民生面临新挑战。但本书在这里要明确，发展充分性是具有时效性的。相对于一定历史阶段和人民的需要而言，可以通过充分发展来解决经济高质量发展和人民美好生活需要之间的矛盾，但相对于更高的历史阶段和人民更高更丰富的需要，发展的不充分问题又会凸显和呈现出来。所以，对于发展充分性的测度要随着时间进行更新。而不平衡与不充分往往是相伴而生的，不平衡和不充分的发展是一个整体，不平衡的发展肯定是不充分的发展，解决发展的不平衡问题关键就在于如何去解决发展不充分的问题（杨晋超和吴骥，2018）。

测量上述发展充分性这一相对差异程度，本书主要采用指标标准化（功效系数法）方法。指标标准化方法的构建原理在于：将指标进行归一化处理，构建相对统计量，可以消除量纲（单位）的影响，将指标的取值范围统一规定在区间[0，1]或[0，100]。同时，对原指标进行标准化处理后，使指标具有可加性和可比性。可加性便于后文指标体系的构建，可比性有利于四川省经济高质量发展充分性的分析。常见的指标标准化的方法有标准化处理法、极值处理法、线性比例法、归一化处理法、向量规范法和功效系数法等。本书将采用功效系数法来对原始数据进行标准化，以此来分析发展的充分性，主要原因在于：后续测度发展不平衡性时预采用熵值法，对于改进熵值法来说，极值熵值法是最优改进熵值法（朱喜安和魏国栋，2015），但极值处理法得到的指标取值范围为[0，1]或[0，100]，当取极端值0时，该指标将不能用于熵值法的测度中。于是，本书选择与极值法更为接近的功效系数法。该方法可将指标取值范围锁定在(0，1)或（0，100）。功效系数法实际上是一种更为广泛的极值处理法，即极值法只是功效系数法的一种特殊情况。由于充分性的测度是建立在参考对象的基础上，因此，选择不同的参考系会得到不同的结论。由于不同的省市发展具有自身发展的特殊性，对于四川省来说，为了准确衡量四川省发展情况，本书的参考对象主要设定在四川省 21 个市（州），在四川省内部选择参考对象，即选择五个维度方面发展最优的指标作为参考对象。

（2）四川省经济高质量发展平衡性的内涵和测量方法。

发展的不平衡性在很大程度上是发展不充分性造成的[①]。在界定了高质量发展的充分性基础上，本书对四川省经济高质量发展的不平衡性给予界定。同理，发展的不平衡问题是绝对的，平衡是相对的，协调发展本身就是平衡和不平衡的统一，这也是本书不对协调性单独进行测度的主要原因。解决发展的不平衡问题并不是搞平均主义，而是解决严重的不平衡即不协调和失衡问题[②]。通过前文"区域协调发展"的内容可知，四川省经济发展主要是解决区域经济发展不平衡问题。由于四川省的特殊地貌和地理位置，每个区域制定了符合自身发展的不同定位（五大区域划分内容详见表 3 - 1）。为解决四川省经济高质量发展不平衡问题，要大力推进"一干多支、五区协同"政策的落实。本书主要研究区域发展不平衡问题，研究重点可以划分为三个方面：四川省整体的区域平衡性、五大区域之间的平衡性和区域内部的平衡性问题。

通过前文有关不平衡性的测度方法文献综述可知，现有研究不平衡程度的测量方法较多，主要集中在不平衡指数及其分解方法上，如基尼系数、泰尔指数、分位数、集中指数等。结合本书的研究目的及四川省实际省情，主要采用泰尔指数及其分解方法，主要原因在于泰尔指数是

---

① 邱耕田，准确认识发展不平衡不充分问题，大众日报，2018.1.5，http://politics. rmlt. com. cn/2018/0105/507805. shtml?bsh_ bid = 1966663654.

② 董振华，如何理解发展的不平衡不充分，学习时报，2017. 12. 27，http://theory. people. com. cn/n1/2017/1227/c40531 - 29731173. html.

基于熵指数的基础构造的（Theil，1967），用以测量不同区域间的收入差距或者不平衡程度。本书将其用于区域经济高质量发展不平衡性的测度，不仅可以测度整体发展不平衡，同时可以利用泰尔指数分解公式测度区域间发展不平衡和区域内部发展不平衡。该方法可以很好地满足本书的研究需要。同时，为了确保统计测度结果的稳健性和准确性，本书使用基尼系数及其分解法（Lorenz，1905），该方法亦是常用的不平等测度分析法。

表 3-1　四川省五大经济区域范围

五大区域名称	个数	包括市（州）区域
成都平原经济区	8	成都、德阳、绵阳、乐山、眉山、资阳、遂宁、雅安
川南经济区	4	自贡、泸州、内江、宜宾
川东北经济区	5	广元、南充、广安、达州、巴中
攀西经济区	2	攀枝花、凉山彝族自治州
川西北生态经济区	2	甘孜藏族自治州、阿坝藏族羌族自治州

3.3　研究框架的设计及指数体系的构建

3.3.1　研究框架

经过前期实践积累及专家论证，本书研究四川省经济高质量平衡指数构建的体系框架及选用的测度方法为（详见图 3-2）：本书在充分解读了人民美好生活硬需要的内涵以及经济高质量发展的内涵后，将两者概念进行融合，以此为基础，从经济健康发展、创新驱动发展、绿色生态发展、对外开放发展、民生福祉发展共计五个维度来确定经济高质量平衡发展指数。通过上述分析可知，平衡指数的构建建立在充分指数的基础上，即平衡指数涵盖了充分性的内涵。于是，本书首先利用极差标准化方法对具有代表性的统计指标的发展充分性进行测度；其次，在发展充分性指数的基础上利用熵值法测度四川省经济高质量发展水平，以及相应五个维度的发展水平；最后，分别利用基尼系数、泰尔指数及其相应的分解方法来探究四川省整体、五大区域内部、五大区域之间的经济高质量发展差异，即测度四川省经济高质量发展的平衡性。于是，基于上述研究框架和思路展开后续的综合测评研究。

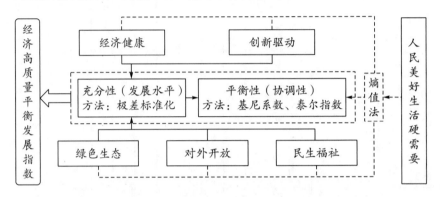

图3-2　四川省经济高质量发展指数的体系框架及测度方法

3.3.2　指标的筛选

（1）初步指标的选取。

原则上，经济高质量发展指数的构建过程中应充分考虑系统性、可比性和可行性原则（杨晋超和吴骥，2018），但本书关于四川省的经济高质量发展指数的构建原则不单纯追求系统性和完整性，而是充分考虑到四川省经济发展实际省情、未来发展规划、发展侧重点以及数据的可获得性，最终按照代表性、重要性、客观性、可操作性、数据可获得性等原则，基于2017—2022年《四川省统计年鉴》和《四川省科技统计年鉴》等官方统计数据，着力于经济健康、创新驱动、绿色生态、对外开放、民生福祉五个维度，选取比较有代表性的指标，具体见表3-2。

表 3 - 2 四川省经济高质量发展不平衡不充分指数体系

一级指标	符号	二级指标	符号	三级指标	符号	指标层级	单位	作用方向
经济健康	A	经济效益	AA	经济总量	AA1	人均GDP	元	正向
				经济增量	AA2	经济增长率	%	正向
				能源产出率	AA3	单位地区生产总值能耗变化	%	正向
		经济结构	AB	民营经济总量	AB1	人均民营经济增加值	元	正向
				产业结构	AB2	第二产业增加值与第三产业增加值比值	%	负向
				就业结构	AB3	第一产业人员就业占比	%	负向
				空间结构	AB4	城镇化率	%	正向
		经济风险	AC	通货膨胀率	AC1	居民消费价格指数	—	负向
				资产负债率	AC2	规模以上企业资产负债率	%	负向
				失业率	AC3	登记失业率	%	负向
		交通网络	AD	运输线路	AD1	公路总里程	公里	正向
				高速运营	AD2	等级公路里程	公里	正向
				城市交通	AD3	城市道路面积	万平方米	正向

续表 3-2

一级指标	符号	二级指标	符号	三级指标	符号	指标层级	单位	作用方向
创新驱动	B	创新投入	BA	资金投入	BA1	R&D 经费支出占 GDP 比重	%	正向
				人力投入	BA2	R&D 人员数占总就业人口比重	%	正向
				政府资金	BA3	科技支出占地方一般公共预算支出比重	%	正向
		创新产出	BB	产出效率	BB1	专利申请数占 R&D 经费支出比重	件/万元	正向
				结构优化	BB2	高新技术企业主营业务收入占 GDP 比重	%	正向
				数字化水平	BB3	数字金融普惠指数	-	正向
				数字经济	BB4	信息传输、软件和信息技术服务业的就业人员工资总额	万元	正向
生态绿色	C	环境治理	CA	空气质量	CA1	环境空气质量综合指数	-	负向
				土壤质量	CA2	单位耕地面积化肥施用量	万吨/千公顷	负向
				生活垃圾	CA3	生活垃圾清运量	万吨	正向
				水质量	CA4	污水处理率	%	正向
				制度保障	CA5	节能环保支出占一般公共预算支出的比重	%	正向
		绿色集约	CB	国土空间优化	CB1	耕地面积占辖区面积的比重	%	正向
				环保设施	CB2	市容环卫专用车辆设备总数	辆	正向
				资源集约	CB3	人均日生活用水量	升	负向
				森林绿化	CB4	绿化覆盖面积	公顷	正向

续表3-2

一级指标	符号	二级指标	符号	三级指标	符号	指标层级	单位	作用方向
对外贸易	D	外贸水平	DA	对外贸易依存度	DA1	进出口总额与GDP比值	%	正向
				省外零售依赖度	DA2	限额以上批发零售贸易法人企业商品购进总额	万元	正向
				内贸依存度	DA3	社会消费品零售总额与GDP的比值	%	正向
				旅游开放依赖度	DA4	国际旅游外汇收入	万美元	正向
民生福祉	E	医疗健康	EA	健康状况	EA1	死亡率	‰	负向
				医疗机构	EA2	卫生机构数	个	正向
				医疗人力	EA3	卫生机构人员数	人	正向
		人民生活	EB	城乡收入差距	EB1	城镇与农村人均可支配收入之差	元	负向
				城乡消费差距	EB2	城镇与农村人均消费支出之差	元	负向
				就业工资	EB3	就业人员平均工资	元	正向
				城乡居住面积差距	EB4	城镇与农村居民人均居住面积之差	平方米	负向
		社会保障	EC	最低生活保障情况	EC1	城市与农村居民最低生活保障总人数	人	负向
				基本养老保险	EC2	城镇职工养老保险征缴率	%	正向
				基本医疗保险	EC3	城镇职工基本医疗保险征缴率	%	正向
		教育共享	ED	高等教育	ED1	普通高等教育毕业人数	人	正向
				义务教育	ED2	义务教育在校学生人数	人	正向
				教育支出	ED3	一般公共支出中教育支出占总支出的比重	%	正向

注：上表中的AB2指标原为第二产业增加值占GDP比重与第三产业增加值占GDP比重之比，但分子与分母中含有共同因子GDP，因此将其进行了简化。

（2）专家选择。

为了构建一套科学且适用于衡量四川省经济高质量发展的指标体系，本书设计了一套专家调研方案（见附录1）。参与此次问卷调查的创新驱动相关专家人数为11人[①]。为了确保专家具有较为专业经济高质量发展相关知识，本次所选专家中的90%以上均持续五年以上在该领域开展研究。根据调研方案，召开视频会议，首先讲解本次问卷的内容及目的，其次让11个专家同时对本项目初步拟定的三级指标的重要程度进行打分。打分的分值设定采用Likert5级量表（1～5分），分数越高代表专家对该指标认可性越强，即该指标的重要性越强。最后，对11位专家给出的打分结果进行汇总。

（3）指标筛选标准。

本书在研究过程中共发放的11份问卷均为有效问卷，回收率为100%，表明相关专家对本次调研结果的认可。为了能够准确判定哪些指标能够纳入经济高质量发展指标体系，表3-3给出指标选取的三个评判标准，即变异系数、隶属度和重要性均值。

表3-3　指标选取的评判标准

作用	判断指数	计算公式	标准	参考文献
指标体系设计	变异系数	$V_i = \dfrac{S_i}{C_i}$	$V_i \leqslant 0.25$	罗智（2005）
指标筛选	隶属度	$R_i = \dfrac{W_i}{m}$	$R_i \geqslant 0.6$	刘健和王小菲（2022）
	重要性均值	$C_i = \dfrac{1}{m}\sum\limits_{j=1}^{m} C_{ij}$	$C_i > 3$	

变异系数（V_i）可以表示指标相对重要性的差异程度，通常该数值越小，表明11位专家对该指标的认可度较为集中、差异性不大，对该指标应该给予保留。一般认为，V_i数值应该小于等于0.25。其中，S_i

---

[①]　注：要求专家数量不低于5。

为第 i 个指标得分的标准差；C_i 为第 i 个指标得分的均值，$i \in \{1,$ $2，\cdots，21\}$。

模糊综合评价是一种多因素决策的有效方法，其中隶属度（R_i）属于模糊综合评价方法中的概念。本项目利用隶属度来决定第 i 个指标的去留，主要是由于隶属度方法的评价结果表达的是一种模型集合，不是绝对的否定或肯定，可以弥补主观性带来的影响。于是，将初始三级指标设定为集合 $\{X\}$，X_i 为第 i 个指标，$X_i \in \{X\}$。m 为参与调查的专家总人数。W_i 为对第 i 个指标进行打分时选择 3 分以上的专家人数。一般认为，隶属度 R_i 数值若大于或等于临界值 0.6，表明有 60% 以上的专家认为第 i 个指标的重要程度达到了"一般"水平，可以保留该指标。若 R_i 小于 0.6，表明经济高质量发展指标体系中应该删除第 i 个指标。

重要性均值（C_i）的实质是加权算数平均数，用以反映 11 位专家对于第 i 个三级指标打分的集中趋势，该指标用以衡量对应的第 i 个三级指标的重要性。重要性均值数值越大，说明其对应的三级指标越为重要。C_{ij} 表示第 j 个专家对于第 i 个指标的打分值。一般来说，当 C_i 大于 3 时，表明第 i 个指标较为重要，可以保留该指标。

3.3.3　指标体系的确定

根据表 3 - 3 给出指标筛选标准和衡量方法以及 11 位专家的打分结果，本项目测度了变异系数、隶属度和重要性均值的数据。具体的测算结果见表 3 - 4。

表 3 – 4 四川省经济高质量发展不平衡不充分指数体系

一级指标	二级指标	三级指标	指标层级	隶属度	重要性均值	变异系数
经济健康	经济效益	经济总量	人均 GDP	1.0000	4.6364	0.1088
		经济增量	经济增长率	0.9091	4.3636	0.2118
		能源产出率	单位地区生产总值能耗变化	0.9091	4.5455	0.1513
		民营经济总量	人均民营经济增加值	0.8182	4.2727	0.2362
	经济结构	产业结构	第二产业增加值与第三产业增加值比值	0.9091	4.4545	0.2097
		就业结构	第一产业人员就业占比	0.9091	4.7273	0.1368
		空间结构	城镇化率	0.9091	4.5455	0.1513
	经济风险	通货膨胀率	居民消费价格指数	0.7273	4.3636	0.2118
		资产负债率	规模以上企业资产负债率	0.9091	4.5455	0.2055
		失业率	登记失业率	0.9091	4.7273	0.1368
	交通网络	运输线路	公路总里程	0.9091	4.6364	0.1454
		高速运营	等级公路里程	0.9091	4.7273	0.1368
		城市交通	城市道路道路面积	0.9091	4.0000	0.1118

感知美好生活：区域经济高质量发展充分性和平衡性统计测度研究

续表3－4

一级指标	二级指标	三级指标	指标层级	隶属度	重要性均值	变异系数
创新驱动	创新投入	资金投入	R&D经费支出占GDP比重	1.0000	4.8182	0.0840
		人力投入	R&D人员数占总就业人口比重	0.9091	4.6364	0.1454
		政府资金	科技支出占地方一般公共预算支出比重	0.9091	4.7273	0.1368
	创新产出	产出效率	专利申请数占R&D经费支出比重	0.8182	4.4545	0.1841
		结构优化	高新技术企业主营业务收入占GDP比重	0.9091	4.6364	0.1454
		数字经济	信息传输、软件和信息技术服务业人员工资总额	0.7273	2.9091	0.2582
		数字化水平	数字金融普惠指数	0.8182	4.5455	0.1804
生态绿色	环境治理	空气质量	环境空气质量综合指数	0.6364	4.1818	0.2347
		土壤质量	单位耕地面积化肥施用量	0.9091	4.5455	0.1513
		生活垃圾	生活垃圾清运量	0.9091	4.5455	0.1513
		水质量	污水处理率	0.9091	4.6364	0.1454
		制度保障	节能环保支出占一般公共预算支出的比重	0.8182	4.5455	0.1804
	绿色集约	国土空间优化	耕地面积占辖区面积的比重	0.8182	4.4545	0.1841
		环保设施	市容环卫专用车辆设备总数	0.9091	4.5455	0.1513
		资源集约	人均日生活用水量	0.9091	4.5455	0.1513
		森林绿化	绿化覆盖面积	0.6364	3.6364	0.2225

续表 3 - 4

一级指标	二级指标	三级指标	指标层级	隶属度	重要性均值	变异系数
对外贸易	外贸水平	对外贸易依存度	进出口总额与 GDP 比值	0.9091	4.6364	0.1454
		省外零售依赖度	限额以上批发零售贸易业法人企业商品购进总额	0.9091	4.6364	0.1454
		内贸依存度	社会消费品零售总额与 GDP 的比值	0.9091	4.5455	0.1513
		旅游开放依赖度	国际旅游外汇收入	0.4545	3.5455	0.2635
民生福祉	医疗健康	健康状况	死亡率	0.9091	4.7273	0.1368
		医疗机构	卫生机构数	0.9091	4.7273	0.1368
		医疗人力	卫生机构人员数	0.6364	3.8182	0.1966
	人民生活	城乡收入差距	城镇与农村人均可支配收入之差	0.9091	4.5455	0.1513
		城乡消费差距	城镇与农村人均消费支出之差	0.9091	4.1818	0.1442
		就业工资	就业人员平均工资	0.8182	4.2727	0.2787
		城乡居住面积差距	城镇与农村居民人均居住面积之差	0.9091	4.6364	0.1454
	社会保障	最低生活保障情况	城市与农村居民最低生活保障人数总人数	0.9091	4.4545	0.1543
		基本养老保险	城镇职工养老保险征缴率	0.7273	3.8182	0.2289
		基本医疗保险	城镇职工基本医疗保险征缴率	0.9091	4.4545	0.1543
	教育共享	高等教育	普通高等教育毕业人数	0.7273	4.1818	0.2090
		义务教育	义务教务在校学生人数	0.8182	4.0909	0.2307
		教育支出	一般公共支出中教育支出占总支出的比重	0.9091	4.0909	0.1318

根据表3-4的结果可以明显看出，11位专家对于经济高质量发展考核指标体系的46个二级指标体系的打分较为集中。其中，只有两个指标的变异系数数值大于0.25，有一个指标的重要性均值小于3，有一个指标的隶属度数值小于0.6。具体表现为信息传输、软件和信息技术服务业的就业人员工资总额以及国际旅游外汇收入，这两个指标的变异系数值分别0.2582和0.2635。信息传输、软件和信息技术服务业的就业人员工资总额的重要性均值为2.9091，国际旅游外汇收入的隶属度数值为0.4545。

此外，受全球疫情的影响，2020年和2021年的四川省统计年鉴没有公布接待入境游客人数的数据，因此，根据上述两个指标的测算结果以及数据的实际获取情况，本项目有充足的理由剔除信息传输、软件和信息技术服务业的就业人员工资总额以及国际旅游外汇收入这两个指标。经专家讨论，最终对初步设定的指标体系予以精简和修改，进一步保证四川省经济高质量发展指标体系的科学性、合理性和实用性。最终的四川省经济高质量发展指标体系包含了五个一级指标、13个二级指标和44个三级指标（详见表3-5）。

表 3 - 5 四川省经济高质量发展不平衡不充分指数体系

一级指标	符号	二级指标	符号	三级指标	符号	指标层级	作用方向	参考文献
经济健康	A	经济效益	AA	经济总量	AA1	人均 GDP	正向	景华等（2020）；佟孟华等（2022）
				经济增量	AA2	经济增长率	正向	
				能源产出率	AA3	单位地区生产总值能耗变化	正向	
		经济结构	AB	民营经济总量	AB1	人均民营经济增加值	正向	
				产业结构	AB2	第二产业增加值与第三产业增加值比值	负向	
				就业结构	AB3	第一产业人员就业占比	负向	
				空间结构	AB4	城镇化率	正向	
		经济风险	AC	通货膨胀率	AC1	居民消费价格指数	负向	
				资产负债率	AC2	规模以上企业资产负债率	负向	
				失业率	AC3	登记失业率	负向	
		交通网络	AD	运输线路	AD1	公路总里程	正向	
				高速运营	AD2	等级公路里程	正向	
				城市交通	AD3	城市道路面积	正向	

续表3-5

一级指标	符号	二级指标	符号	三级指标	符号	指标层级	作用方向	参考文献
创新驱动	B	创新投入	BA	资金投入	BA1	R&D经费支出占GDP比重	正向	刘建明和颜学明(2021)；李黎明等(2019)
				人力投入	BA2	R&D人员数占总就业人口比重	正向	
				政府资金	BA3	科技支出占地方一般公共预算支出比重	正向	
		创新产出	BB	产出效率	BB1	专利申请数占R&D经费支出比重	正向	
				结构优化	BB2	高新技术企业主营业务收入占GDP比重	正向	
				数字化水平	BB3	数字金融普惠指数	正向	
生态绿色	C	环境治理	CA	空气质量	CA1	环境空气质量综合指数	负向	陈梦根和张帅(2020)；许宪春等(2019)
				土壤质量	CA2	单位耕地面积化肥施用量	负向	
				生活垃圾	CA3	生活垃圾清运量	正向	
				水质量	CA4	污水处理率	正向	
				制度保障	CA5	节能环保支出占一般公共预算支出的比重	正向	
		绿色集约	CB	国土空间优化	CB1	耕地面积占辖区面积的比重	正向	
				环保设施	CB2	市容环卫专用车辆设备总数	正向	
				资源集约	CB3	人均日生活用水量	负向	
				森林绿化	CB4	绿化覆盖面积	正向	

续表3－5

一级指标	符号	二级指标	符号	三级指标	符号	指标层级	作用方向	参考文献
对外贸易	D	外贸水平	DA	对外贸易依存度	DA1	进出口总额与GDP比值	正向	蔡红等（2022）
				省外零售依赖度	DA2	限额以上批发零售贸易法人企业商品购进总额	正向	
				内贸依存度	DA3	社会消费品零售总额与GDP的比值	正向	
民生福祉	E	医疗健康	EA	健康状况	EA1	死亡率	负向	程广斌等（2022）；王海英（2022）；何莎莎等（2022）；杨波和任飞（2022）
				医疗机构	EA2	卫生机构数	正向	
				医疗人力	EA3	卫生机构人员数	正向	
		人民生活	EB	城乡收入差距	EB1	城镇与农村人均可支配收入之差	负向	
				城乡消费差距	EB2	城镇与农村人均消费支出之差	负向	
				就业工资	EB3	就业人员平均工资	正向	
				城乡居住面积差距	EB4	城镇与农村居民人均居住面积之差	负向	
		社会保障	EC	最低生活保障情况	EC1	城市与农村居民最低生活保障人数总人数	负向	
				基本养老保险	EC2	城镇职工养老保险征缴率	正向	
				基本医疗保险	EC3	城镇职工基本医疗保险征缴率	正向	
		教育共享	ED	高等教育	ED1	普通高等教育毕业人数	正向	
				义务教育	ED2	义务教育在校学生人数	正向	
				教育支出	ED3	一般公共支出中教育支出占总支出的比重	正向	

3.4 充分性和平衡性的测算方法

在前文的基础上，本节利用统计分析方法，分别对四川省经济高质量发展的充分性和平衡性的测算方法予以选择，并给出详细的测算步骤。为后续四川省经济高质量发展充分性和平衡性测算结果奠定模型基础。

3.4.1 测算流程

根据前文的研究框架及研究方法的设定，本书有关四川省经济高质量不平衡不充分的测度主要可以分解为三个主要步骤（见图3-3）：

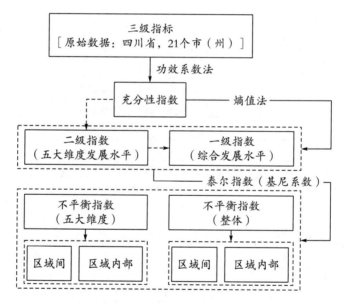

图3-3 四川省经济高质量发展平衡性和充分性指数计算流程

首先根据前文设计的指标体系，利用功效系数法对三级指标进行测算，得到充分性指标；其次利用综合评价方法（如熵值法）测算四川省经济高质量发展综合水平数值以及其包含的五大维度的综合发展水平数值；最后利用不平衡指数及分解方法（如基尼系数、泰尔指数等）

测算四川省21个市（州）之间，五大经济区内部及区域之间的不平衡程度。

3.4.2　四川省经济高质量充分指数测算方法

记 x 为特定年份四川省经济高质量各项三级指标的发展水平，记 z 为 x 进行标准化后的数值。设定 i 表示评价对象，j 表示评价的对象对应的第 j 项指标，于是，x_j 表示第 j 项指标的原始指标值，z_j 为标准化后的指标值。用 $x_j^{\max}$ 表示第 j 项指标中评价对象发展水平的最大值，即 $x_j^{\max}$ 代表发展充分下的理想值，即得到了最大限度的充分发展；用 $x_j^{\min}$ 表示第 j 项指标中评价对象发展水平的最小值，即 $x_j^{\min}$ 代表发展不充分下的极端值，即完全没有得到充分的发展。因此，四川省各市（州）历年经济高质量发展指数为：

对于正向指标来说，功效系数法的标准化处理公式为：

$$z_j = \frac{x_j - x_j^{\min}}{x_j^{\max} - x_j^{\min}} \times 40 + 60 \tag{3-1}$$

对于负向指标来说，功效系数法的标准化处理公式为：

$$z_j = \frac{x_j^{\max} - x_j}{x_j^{\max} - x_j^{\min}} \times 40 + 60 \tag{3-2}$$

于是，在对所有三级指标进行正向化和标准后，z_j 的取值范围为 $[60，100]$。公式（3-1）和公式（3-2）中标准化方法是相对指标，且以 $x_j^{\max}$ 和 $x_j^{\min}$ 为参考数值。因此，本书衡量发展充分性的指数是在参考对象的基础上进行研究的。用 z_j 代表发展的充分性（许宪春，2019），具体含义为：z_j 的数值越大，越趋近于100时，说明发展水平越好，发展越充分；当 $z_j = 100$ 时，说明发展是最充分的状态；反之，当 $z_j = 60$ 时，说明发展是最不充分的状态。

3.4.3 四川省经济高质量综合水平的测算方法

（1）测算方法的选择。

测度四川省高质量发展水平的前提是获取四川省高质量发展水平数据。于是，在指数（z_j）的基础上进一步测算四川省高质量综合发展水平的程度。通常采用综合评价方法来测算四川省高质量发展综合水平。然而，综合评价的关键在于权重的测算，不同的综合评价方法测算权重的结果和侧重点会有所不同。张霞和何南（2022）将综合评价方法划分为两大类：一类是可直接确定权重的评价方法，另一类是间接确定权重的评价方法。为了分析问题的方便，本项目主要采用第一类即可直接确定权重的评价方法，包括主成分分析、因子分析、数据包络分析法、层次分析法、熵值法和粗集多属性决策理论等。其中，主成分分析和因子分析主要利用方差累计贡献率来确定权重，数据包络分析法利用线性规划来确定权重。当指标体系的级别较多（大于等于2）时，难以对上一级指标进行命名。于是，本项目首先排除前三种方法，接来下对后三种方法进行对比，对比结果见表3-6。

表3-6 可直接确定权重的综合评价方法对比

特点	层次分析法	熵值法	粗集多属性决策理论
	计算简便、结果明确、主观性强，增强了决策有效性	有效排除主观因素干扰，客观地反映评价对象信息	无需建立数学模型，也不需要提供研究对象的任何先验信息
文献数量（篇数）	56671	8214	7
时间	1946年至今	1962年至今	2005年至今
权重选取	主观赋权	客观赋权	客观赋权

通过表3-6中的内容可知，层次分析法使用最为广泛，其次是熵值法，而粗集多属性决策理论的使用较为匮乏。此外，层次分析法计算权重的方法主要基于主观因素；熵值法和粗集多属性决策理论计算权重

的方法主要基于客观因素。主观赋权法带有随机性、臆断性特征, 熵权法属于客观赋权法, 亦是现有研究比较流行的方法之一, 同时也可以避免主观赋权法的缺点, 所以本项目采用熵权法对三级指标进行赋权, 在此基础上利用加权求和的方法对四川省经济高质量发展水平进行测度。

（2）熵值法的测算步骤。

接下来, 在发展指数（z_j）的基础上, 进一步测算四川省经济高质量综合发展水平的程度。本书利用熵权法对三级指标进行赋权, 在此基础上利用加权求和的方法对四川省经济高质量发展水平进行测度。具体计算步骤如下:

步骤 1: 在充分性指数（z_j）的基础上构建规范化矩阵 p_{ij}:

$$p_{ij} = \frac{z_{ij}}{\sum_{i}^{n} z_{ij}} \qquad (3-3)$$

其中, z_{ij} 代表第 i 个评价对象的第 j 个三级指标的标准化后的数值, $i \in \{1, 2, \cdots, n\}$, n 为评价对象的个数; $j \in \{1, 2, \cdots, m\}$, m 为三级指标的总个数。

步骤 2: 在规范化矩阵（p_{ij}）的基础上计算第 j 项三级指标的熵值:

$$e_j = -k \sum_{i}^{n} p_{ij} \ln p_{ij} \qquad (3-4)$$

其中, k 为常数, 测算公式为: $k = \frac{1}{\ln n} > 0$。

步骤 3: 在熵值（e_j）的基础上计算信息熵的冗余度:

$$d_j = 1 - e_j \qquad (3-5)$$

步骤 4: 在信息熵的冗余度（d_j）的基础上计算指标相对于其所属维度的权重值（w_j）:

$$w_j = \frac{d_j}{\sum_{j=1}^{m_l} d_j} \qquad (3-6)$$

其中, l 为维度个数, 四川省经济高质量发展包含了经济健康、创新驱动、绿色生态、对外开放、民生福祉共计五个维度, 所以, $l \in$

$\{1, 2, \cdots, 5\}$。m_l 代表每个维度下对应的三级指标的个数，且 m 为三级指标的总个数，于是：

$$\sum_{l=1}^{5} m_l = m。$$

w_j 表示指标所占的权重，取值范围为（0，100%），该数值越大，代表该指标在综合得分所占的比重越高，对于综合得分的影响程度越大。

步骤 5：在权重值（w_j）和规范化矩阵（p_{ij}）的基础上，分别计算出四川省经济高质量发展综合指数和经济高质量发展水平五个维度指数，经济高质量发展水平五个维度指数计算公式为：

$$S_i{}^l = \sum_{j=1}^{m_l} w_j p_{ij} \tag{3-7}$$

其中，$S_i{}^l$ 代表不同维度下的发展水平，l 依然为维度个数，且 $l \in \{1, 2, \cdots, 5\}$，$S_i{}^l$ 数值越大，说明四川省第 i 个市（州）的经济高质量发展中第 l 维度的综合水平程度越高。

四川省经济高质量发展综合指数计算公式为：

$$S_i = \sum_{l=1}^{5} w_l p_{il} \tag{3-8}$$

其中，S_i 代表四川省经济高质量发展综合指数水平值，S_i 数值越大，说明四川省第 i 个市（州）的经济高质量发展综合水平程度越高。w_l 为第 l 个维度，即相应二级指标的权重值，p_{il} 为第 i 个评价对象的第 l 个二级指标的规范化矩阵数值，w_l 和 p_{il} 的计算方法与公式（3-6）和公式（3-3）相同。

3.4.4   四川省经济高质量平衡指数的测算方法

（1）基尼系数。

本书基于 21 个市（州）共计五个区域的尺度来计算四川省经济高质量发展的基尼系数，具体的计算公式如下：

$$Gini^s = \frac{\sum\limits_{a=1}^{n} \sum\limits_{b=1}^{n} |S_a - S_b| P_a P_b}{2u} \tag{3-9}$$

其中，u 为以人口占比为权重的四川省经济高质量发展综合指数水平的平均值，u 的具体计算公式为 $u = p_1 S_1 + p_2 S_2 + \cdots + p_n S_n$，$p_a$ 和 p_b 分别代表第 a 个市（州）和第 b 个市（州）的常住人口数占四川省整体常住人口总数的比值，$a, b \in \{1, 2, \cdots, n\}$，$n$ 依然为评价对象的个数；S_i 为公式（4-8）计算出来的四川省经济高质量发展综合指数水平值。于是，四川省经济高质量发展的基尼系数公式可变形为：

$$Gini^s = \frac{\sum\limits_{a=1}^{n} \sum\limits_{b=1}^{n} |S_a - S_b| P_a P_b}{2(p_1 S_1 + p_2 S_2 + \cdots + p_n S_n)} \tag{3-10}$$

其中，用 $Gini^s$ 来测度四川省整体经济高质量发展的不平衡程度。$Gini^s$ 数值越大，说明四川省整体经济高质量发展的不平衡程度越高，21 个市（州）之间的发展不平衡程度越大。

（2）泰尔系数及其分解。

经济高质量发展的总泰尔指数公式：

$$Theil^s = \sum_{c=1}^{5} \sum_{i=1}^{5} \left(\frac{S_{ci}}{S}\right) \ln\left[\frac{S_{ci}/S}{P_{ci}/P}\right] \tag{3-11}$$

其中，S 和 P 分别表示四川省的经济高质量发展综合指数水平值和总的常住人口数，S_{ci} 表示四川省第 c 个区域第 i 个市（州）的经济高质量发展综合指数水平值，P_{ci} 表示四川省第 c 个区域第 i 个市（州）的常住人口总数，$c \in \{1, 2, \cdots, 5\}$。

泰尔指数在测度区域差异，即四川省区域发展不平衡性时，可以将泰尔指数分解为区域间的不平衡性和区域内部的不平衡性。于是，四川省经济高质量发展不平衡的泰尔指数分解公式：

$$Theil^S = Theil^s_{inter} + Theil^s_{intra} \qquad (3-12)$$

其中，$Theil^s_{inter}$ 表示区域之间的发展不平衡性，$Theil^s_{intra}$ 表示区域内部的发展不平衡性。具体测算公式如下：

区域之间的发展不平衡指数计算公式：

$$Theil^s_{inter} = \sum_{c=1}^{5} \left(\frac{S_c}{S} \right) \ln \left[\frac{S_c/S}{P_c/P} \right] \qquad (3-13)$$

区域内部的发展不平衡指数计算公式：

$$Theil^s_{intra} = \sum_{c=1}^{5} \sum_{i=1}^{5} \left(\frac{S_{ci}}{S_c} \right) \ln \left[\frac{S_{ci}/S_c}{P_{ci}/P_c} \right] \qquad (3-14)$$

其中，S_c 表示四川省第 c 个区域的经济高质量发展综合指数水平值；P_c 表示四川省第 c 个区域的常住人口总数。$Theil^S$ 数值越大，说明四川省整体经济高质量发展的不平衡程度越高，21 个市（州）之间的发展不平衡程度越大；$Theil^s_{inter}$ 数值越大，说明四川省五大区域之间的经济高质量发展不平衡程度越高；$Theil^s_{intra}$ 数值越大，说明四川省五大区域内部间的经济高质量发展不平衡程度越高。

基于上述分析，可以进一步探究区域间和区域内部差异，二者究竟何为导致整体发展不平衡最重要的原因，将公式（3-12）进行如下变形：

$$\underbrace{\frac{Theil^s_{inter}}{Theil^S} \times 100\%}_{Part\ A} + \underbrace{\frac{Theil^s_{intra}}{Theil^S} \times 100\%}_{Part\ B} = 100\% \qquad (3-15)$$

其中，$Part\ A$ 表示区域之间的发展不平衡的贡献度，$Part\ B$ 表示区域内部的发展不平衡的贡献度，二者数值均为百分比。可以通过对比二者数值的大小，来分析二者的贡献度。当 $Part\ A > Part\ B$ 时，说明区域之间的发展不平衡是导致四川省整体经济高质量发展不平衡的重要原因；当 $Part\ A < Part\ B$ 时，说明区域内部的发展不平衡是导致四川省整体经济高质量发展不平衡的重要原因。

◑ 3.5　本章小结

　　本章的主要目的是构建四川省经济高质量发展的不平衡指数和不充分指数。首先基于十九大报告中提出的社会主要矛盾，即人民日益增长的美好生活需要和不平衡不充分的发展之间的矛盾，对人民美好生活硬需要的内涵进行界定，在此基础上，对四川省经济高质量发展不平衡不充分的内涵予以界定；其次，以内涵为研究基础和研究对象，设计出平衡指数和发展指数的研究框架并给出具体的三级指标；最后，利用变异系数、重要性均值和隶属度等方法对初步构建的指标体系进行专家论证，最终构建比较完备的指数体系。

　　同时，本章针对研究目的，分别采用不同的统计方法研究不同的内容，具体划分为：一是利用功效系数构建四川省经济高质量发展指数，用以分析四川省经济质量高质量发展的充分性。二是利用熵值法测度四川省经济高质量水平。三是利用泰尔指数及其分解方法来测度四川省经济高质量发展的差异性，用以测度四川省经济高质量发展的不平衡性，并利用基尼系数作为稳健性检验，以确保统计结果的准确性。

| 第 4 章 |

四川省高质量经济发展充分性
和平衡性的统计测度结果及分析

本章根据熵值法测得的综合得分数值进行横向和纵向对比分析，主要分析 21 个市（州）及其所在的五大经济区的经济高质量综合水平和五大维度的综合得分情况。在综合得分的基础上，再利用不平衡指数和不充分指数分别对 21 个市（州）的经济高质量综合水平和五大维度的平衡性和充分性进行计算，测算出五大经济区域之间、区域内部之间的不平衡的具体数值。

▶ 4.1 四川省经济高质量发展综合水平分析

为了全面探究四川省经济高质量发展状况，本书从空间和时间两个维度来对四川省 21 个市（州）的经济高质量综合水平和五大维度展开分析。

4.1.1 不同视角下综合水平测算结果及分析

（1）整体视角下的结果分析。

本书基于公式（4-8），在三级充分指数的基础上测算四川省 21 个市（州）的经济高质量发展的综合得分（见表 4-1）。

基于成都平原经济区视角。成都平原经济区的整体经济高质量发展水平较高，2015—2021 年期间，成都平原经济区的经济高质量发展水平数值均超过了全省平均数值。位居前三甲的成都市、德阳市、绵阳市均属于成都平原经济区范围。2015 年，雅安市的经济高质量综合发展水平为 68.8017，位居全省第 17 位，随着四川省"一干多支、五区协同"战略的提出，2019 年，雅安市的经济高质量综合发展水平为 68.7394，位居全省的第 13 位。可见，成都市在成都平原经济区内部的"辐射"作用在十三五中期较为凸显，但在 2020 年和 2021 年又回归到全省第 17 位。

基于川南经济区视角。川南经济区整体的经济高质量综合发展水平较好，除内江市外，其余三市发展较为平衡，发展排位部分呈现提升态势。具体表现在：2015 年，仅自贡市和宜宾市的经济高质量综合发展水平数值高于全省的平均值（72.2857）。2019 年，除内江市的经济高质量综合发展水平数值较低外，其余三市的经济高质量综合发展水平均高于全省的平均值。虽然城市之间的发展水平存在一定的差异性，但是从数值来看，2019 年宜宾市的经济高质量综合发展水平数值为 71.4450，内江市的经济高质量综合发展水平数值为 68.8931，两者之间仅相差不到三个单位。2015 年，泸州市的经济高质量综合发展水平位居全省第 10 位，宜宾市位居全省第九位，但 2019—2021 年泸州市的经济高质量综合发展水平位居全省第五位，该市的排名得到了显著提升。

基于川东北经济区视角。川东北经济区整体的经济高质量综合发展水平不高，所包含的五个市，广元市、南充市、广安市、达州市和巴中市的经济高质量综合发展水平均低于全省的平均值，但是发展较为平衡。基于最新数据来看，2021 年经济高质量综合发展水平最好的是南充市，数值为 72.8050；2021 年经济高质量综合发展水平最低的是广元市，数值为 68.8974。两者之间的差距约为四个单位左右。

基于攀西经济区视角。从区域内部来看，两者之间存在较大的差异，2015 年，攀枝花市的经济高质量综合发展水平为 74.6658，位居全省第四位；而凉山州的经济高质量综合发展水平为 68.2690，位居全省第 19 位。攀枝花市的经济高质量综合发展水平远远高于凉山州的经济高质量综合发展水平。对照整体经济社会的发展，2018 年以后攀西经济区的经济高质量综合发展水平呈现下降态势，2021 年，攀枝花市的经济高质量综合发展水平仅为 68.1393，相较于 2015 年，该市的总量下降了约六个单位，排名下降了 15 位，居全省第 19 位。

基于川西北生态经济区视角。川西北生态经济区仅包含了甘孜州和阿坝州两个自治州，这两个自治州的经济高质量综合发展水平均较低，除 2020 年以外，其余研究期间内，两市均位于四川省的后两位。由此可见，川西北生态经济区在五大经济区中属于发展较为落后的地区。

表4-1　2015—2021年四川省21个市（州）经济高质量发展的排名

五大经济区域名称	市（州）	S2015	排序	S2016	排序	S2017	排序	S2018	排序	S2019	排序	S2020	排序	S2021	排序
成都平原经济区	成都市	91.1220	1	91.1197	1	90.9737	1	90.2477	1	91.6920	1	92.1793	1	92.0587	1
	德阳市	75.8231	3	75.0647	3	73.3209	3	72.7789	3	72.8149	3	72.6045	4	73.6262	3
	绵阳市	83.3258	2	81.9149	2	81.4638	2	81.6825	2	81.3436	2	80.1922	2	80.2468	2
	乐山市	70.6644	12	69.0056	12	68.2331	14	68.6488	17	68.3849	15	69.1068	11	69.0767	15
	眉山市	68.6796	18	67.3497	18	67.4580	17	69.3205	15	67.9066	18	68.3066	18	69.1349	14
	资阳市	70.7375	11	69.1257	11	68.4646	11	69.7452	12	69.4976	16	68.7650	16	69.1428	13
	遂宁市	72.3924	7	69.3359	7	68.6381	10	70.2700	9	69.1007	8	69.4682	10	69.7052	12
	雅安市	68.8017	17	67.9971	17	68.8770	9	68.6683	16	68.7394	13	68.7191	17	68.6273	17
	平均值	75.1933	–	73.8642	–	73.4286	–	73.9202	–	73.6850	–	73.6677	–	73.9523	–
川南经济区	自贡市	73.0374	5	70.5712	6	69.2461	7	70.8906	6	70.8457	6	70.5013	9	70.6690	8
	泸州市	71.4183	9	70.4312	7	70.4752	6	70.7770	8	71.3885	5	72.3826	5	72.3193	5
	内江市	69.4856	16	68.7388	13	67.4138	18	69.8569	11	68.8931	13	68.9245	12	70.0002	11
	宜宾市	73.0234	6	71.0229	5	70.6300	5	70.8763	7	71.4450	7	72.9667	3	72.0759	6
	平均值	71.7412	–	70.1910	–	69.4413	–	70.6002	–	70.6431	–	71.1938	–	71.2661	–

续表4-1

五大经济区域名称	市(州)	S2015	排序	S2016	排序	S2017	排序	S2018	排序	S2019	排序	S2020	排序	S2021	排序
川东北经济区	广元市	70.4284	14	68.5604	15	67.9427	16	68.5945	18	68.0489	16	68.9046	14	68.8974	16
	南充市	71.3845	10	69.3647	8	69.2014	8	71.2938	5	70.4874	7	71.8463	6	72.8050	4
	广安市	71.4602	8	69.2267	10	68.2890	12	71.6071	4	69.1692	9	68.9257	12	70.0110	10
	达州市	70.6312	13	68.4135	16	68.0097	15	69.7350	13	69.1200	10	71.3180	7	70.8835	7
	巴中市	70.2363	15	68.5688	14	68.2597	13	69.3850	14	68.6145	14	70.7484	8	70.6593	9
	平均值	70.8281	—	68.8268	—	68.3405	—	70.1231	—	69.0880	—	70.3486	—	70.6512	—
攀西经济区	攀枝花市	74.6658	4	73.6655	4	71.8851	4	70.1947	10	68.0228	17	67.7905	20	68.1393	19
	凉山彝族自治州	68.2690	19	66.5684	19	66.6029	19	67.9433	19	67.1050	19	68.8667	15	68.4144	18
	平均值	71.4674	—	70.1169	—	69.2440	—	69.0690	—	67.5639	—	68.3286	—	68.2768	—
川西北生态经济区	阿坝藏族羌族自治州	66.5822	20	66.0166	20	66.2074	20	65.6940	21	65.0104	21	66.0395	21	66.5302	21
	甘孜藏族自治州	65.8304	21	64.7378	21	65.5415	21	66.2319	20	65.3958	20	67.8542	19	67.3932	20
	平均值	66.2063	—	65.3772	—	65.8745	—	65.9630	—	65.2031	—	66.9468	—	66.9617	—
全省平均值		72.2857	—	70.8000	—	70.3397	—	71.1639	—	70.6203	—	71.2576	—	71.4484	—

综合对比五大经济区的发展水平。从空间维度来看，五大经济区发展存在较大差异，成都平原经济区发展一支独大，仅成都平原经济区的经济高质量发展综合水平超过了全省的平均数。从整体时间维度重点分析成都平原经济区中的成都市，成都市的经济高质量发展综合水平始终位居首位，十二五规划收官之年，成都市的经济高质量发展综合水平为91.1220，相比之下，2021年成都市的经济高质量发展综合水平为92.0587。整体来看，成都市的经济高质量发展综合水平呈现稳步上升的趋势。虽然绵阳市的经济高质量发展综合水平位居全省第二名，但是与成都市的综合发展仍然存在较大的差异。2021年绵阳市的经济高质量发展综合水平数值为80.2468，比成都市低11.8119个单位。阿坝藏族羌族自治州的经济高质量发展综合水平数值为66.5302，比成都市低25.5285个单位。可见，四川省的21个市（州）经济高质量发展综合水平存在差异性，成都市这"一干"发展独大，有必要充分发挥成都市的辐射作用，带动其余地区的全面提升。

（2）分维度视角下的结果分析。

表4-2给出了四川省21个市（州）的经济健康发展的综合得分，从表中可以看出：

第一，成都平原经济区的经济健康综合发展水平整体较高，但内部发展不平衡明显。2015—2021年间，全省21个市（州）的经济健康发展的综合得分均在74以上。其中，成都市的经济健康综合发展水平依然位居全省第一，2015—2021年的经济健康综合发展水平数值均超过了88，并高出全省平均水平13.5个分值。而雅安市的经济健康综合发展水平较低，2018—2020年间的综合得分低于70。

第二，攀西经济区经济健康发展的综合水平相对落后，2015—2021年期间攀西经济区经济健康发展的综合水平得分均远低于全省平均值。

第三，川南经济区的经济健康发展的综合水平有待提升，除2019年以外，研究期间川南经济区的经济健康发展的综合水平低于全省平均值，2019年其经济健康发展的综合水平数值为76.8202，高于全省平均值75.5629。主要在于宜宾市和泸州市的经济健康发展综合得分较高，分别位于全省第二和第四位。

感知美好生活：区域经济高质量发展充分性和平衡性统计测度研究

表4-2 2015—2021年四川省21个市（州）经济健康发展的综合得分

五大经济区域名称	市（州）	A2015	排序	A2016	排序	A2017	排序	A2018	排序	A2019	排序	A2020	排序	A2021	排序
成都平原经济区	成都市	91.2428	1	88.9780	1	90.1168	1	91.8333	1	89.3928	1	92.7357	1	91.7044	1
	德阳市	72.9215	14	76.5204	7	73.8242	8	72.6268	16	71.2834	18	73.9712	14	74.2762	14
	绵阳市	78.3934	4	81.2151	2	77.5031	4	77.5827	4	79.4922	5	82.8705	4	81.5432	4
	资阳市	75.3774	9	79.1256	3	71.6918	17	71.5658	18	71.9275	17	71.2376	19	70.2179	21
	遂宁市	74.0098	12	73.3659	12	72.4461	15	73.8137	9	73.1361	14	76.0960	12	73.9130	16
	乐山市	72.8793	15	71.3261	15	72.9386	14	72.8811	14	73.5928	11	78.4453	11	77.9692	10
	眉山市	72.3463	17	71.3951	18	70.9292	18	70.8322	20	71.1495	19	72.3175	18	71.3625	20
	雅安市	70.4039	21	71.4636	17	70.4473	20	68.1313	21	69.0624	21	69.7493	21	72.6189	18
	平均值	75.9468	–	76.6737	–	74.9871	–	74.9084	–	74.8796	–	77.1779	–	76.7007	–
川南经济区	自贡市	71.1896	20	69.5155	21	72.4360	16	70.9837	19	72.3375	19	73.1824	15	72.2792	19
	泸州市	75.6706	8	75.5961	8	74.2377	6	73.6879	10	79.6166	4	79.7911	10	79.2220	8
	内江市	72.3620	16	72.8946	13	70.3017	21	72.0373	17	73.3858	13	72.9382	16	74.1989	15
	宜宾市	77.4167	5	78.0302	5	76.8515	5	77.2261	5	81.9410	2	82.8985	3	81.3709	5
	平均值	74.1597	–	74.0091	–	73.4567	–	73.4838	–	76.8202	–	77.2025	–	76.7677	–

续表4-2

五大经济区域名称	市(州)	A2015	排序	A2016	排序	A2017	排序	A2018	排序	A2019	排序	A2020	排序	A2021	排序
川东北经济区	广元市	74.4118	11	73.7420	11	73.7849	9	74.6351	7	75.2209	9	80.6233	9	78.3960	9
	南充市	78.5796	3	76.6189	6	77.7753	3	78.1532	3	81.4916	3	85.4494	2	82.1881	3
	广安市	75.1591	10	74.2536	10	73.5846	12	73.8303	8	73.1055	15	75.4660	13	74.9506	13
	达州市	76.8535	6	78.2840	4	73.6874	11	73.1074	13	77.4892	7	82.1346	5	82.3204	2
	巴中市	72.3459	18	72.3148	14	73.4589	13	72.8717	15	74.7940	10	80.9390	7	76.7415	11
	平均值	75.4700	–	75.0426	–	74.4582	–	74.5195	–	76.4202	–	80.9225	–	78.9193	–
攀西经济区	攀枝花市	72.0042	19	75.3425	9	74.1396	7	73.4488	12	69.7201	20	70.1414	20	73.6066	17
	凉山彝族自治州	75.8464	7	71.8776	15	73.7696	10	75.3811	6	75.9728	8	80.8529	8	80.1192	7
	平均值	73.9253	–	73.6101	–	73.9546	–	74.4149	–	72.8465	–	75.4971	–	76.8629	–
川西北生态经济区	阿坝藏族羌族自治州	74.0007	13	70.0584	20	70.8168	19	73.5038	11	73.5165	12	72.4019	17	76.1539	12
	甘孜藏族自治州	79.2458	2	71.6497	16	78.8272	2	79.1769	2	79.1926	2	81.5897	6	80.4626	6
	平均值	76.6233	–	70.8541	–	74.8220	–	76.3403	–	76.3546	–	76.9958	–	78.3083	–
全省平均值		75.3648	–	74.9318	–	74.4556	–	74.6338	–	75.5629	–	77.8967	–	77.4103	–

表4-3给出了四川省21个市（州）的创新驱动发展的综合得分，由表格中的测算结果可以看出：

第一，成都平原经济区整体的创新驱动发展的综合得分较高，但内部发展不平衡现象较为明显。2015—2021年成都平原经济区创新驱动发展的综合得分的平均值均在87以上，远超过全省的平均水平。同时，通过对21个市（州）的创新驱动发展的综合得分进行横向和纵向对比发现，2019—2021年，成都市、绵阳市和德阳市的创新驱动发展综合得分均位居全省前三甲，尤其是成都市和绵阳市的综合水平较高，接近90分。德阳市的综合得分呈上升态势，十二五收官之年，德阳市的创新驱动发展的综合得分为75.9469，2018年下降到73.1765，2019年以后呈增长趋势，排位提升至全省第三。乐山市和资阳市的创新驱动发展综合得分呈下降态势。相反，雅安市的创新驱动发展的综合得分呈较为明显的上升态势。2015年，雅安市创新驱动发展的综合得分仅为67.6611，位居全省第九；2021年，雅安市的创新驱动发展的综合得分为69.8587，上升到全省第六。

第二，攀西经济区整体在创新驱动综合发展位居第二，但内部差异较大。虽然从攀西经济区整体来看，其创新驱动发展的综合得分高于全省平均值，仅次于成都平原经济区。但是，凉山州的创新驱动发展的综合得分较为落后，2020和2021年位于末位。2015—2021年，攀枝花市的创新驱动发展的综合得分呈下降态势，其数值由2015年的86.1790下降为2021年的70.6746。

第三，川南经济区、川东北经济区和川西北生态经济区这三个经济区整体的创新驱动发展不高，川西北生态经济区的创新驱动发展的综合得分位居最后一名，尤其是甘孜州的创新驱动发展的综合得分未超过64，位居21个市（州）的末位。但川南经济区和川东北经济区这两个经济区内部的创新驱动综合发展水平较为平衡。

表 4 - 3　2015—2021 年四川省 21 个市（州）创新驱动发展的综合得分

五大经济区域名称	市（州）	B2015	排序	B2016	排序	B2017	排序	B2018	排序	B2019	排序	B2020	排序	B2021	排序
成都平原经济区	成都市	88.8469	2	90.3024	2	89.8517	2	87.0258	2	91.6201	2	91.8702	1	92.9022	1
	德阳市	75.9469	4	78.3567	4	76.0201	4	73.1765	4	75.4826	3	77.2374	3	76.8597	3
	绵阳市	89.7515	1	90.6897	1	91.5922	1	94.0622	1	91.8420	1	89.2164	2	89.4178	2
	资阳市	67.7060	7	64.7963	13	65.3979	10	65.0703	14	65.5076	11	65.4864	13	64.7032	16
	遂宁市	65.7867	13	66.2825	11	65.7374	9	65.8035	10	65.9834	9	67.0444	9	67.1366	10
	乐山市	67.0063	10	67.2207	8	66.0940	8	65.8481	9	65.7054	10	66.6593	10	66.7422	12
	眉山市	64.8051	14	64.2329	16	64.0904	15	65.2340	12	64.0989	15	66.5902	11	67.5978	9
	雅安市	67.6611	9	68.2238	6	69.0886	5	69.3280	5	70.5453	4	69.8437	7	69.8587	6
	平均值	73.4388	–	73.7631	–	73.4840	–	73.1936	–	73.8482	–	74.2435	–	74.4023	–
川南经济区	自贡市	72.0197	5	70.7943	5	68.8970	6	69.1842	6	70.0643	6	70.5728	5	69.6589	7
	泸州市	66.5589	11	66.6163	10	65.2039	12	65.2199	13	66.2853	13	68.1346	8	68.1459	8
	内江市	67.6687	8	66.8221	9	65.3613	11	65.3858	11	64.9852	12	66.1496	12	66.3635	13
	宜宾市	68.4609	6	67.2246	7	67.5785	7	66.1641	8	67.6096	8	70.7444	4	70.4246	5
	平均值	68.6771	–	67.8643	–	66.7602	–	66.4885	–	67.2361	–	68.9003	–	68.6482	–

感知美好生活：区域经济高质量发展充分性和平衡性统计测度研究

续表4-3

五大经济区域名称	市(州)	B2015	排序	B2016	排序	B2017	排序	B2018	排序	B2019	排序	B2020	排序	B2021	排序
川东北经济区	广元市	64.0284	18	65.8600	12	64.3916	14	64.2720	15	64.1778	14	64.2931	17	63.7395	19
	南充市	64.0329	17	64.0148	17	63.4276	17	64.0290	16	63.9164	16	65.0170	15	67.1132	11
	广安市	64.3150	16	64.4888	15	63.8673	16	67.1437	7	64.5357	13	64.4578	16	65.2479	15
	达州市	63.0454	19	63.1471	19	62.8886	19	63.5893	17	63.3183	17	65.2981	14	65.3507	14
	巴中市	62.3534	20	62.1849	20	61.8012	20	62.0792	20	61.5219	20	63.3640	19	63.9170	18
	平均值	63.5550	–	63.9391	–	63.2753	–	64.2226	–	63.4940	–	64.4860	–	65.0737	–
攀西经济区	攀枝花市	86.1790	3	81.9391	3	78.9472	3	73.8861	3	70.3945	5	70.3896	6	70.6746	4
	凉山彝族自治州	64.6941	15	63.2646	18	61.8554	18	62.7516	19	62.6807	19	61.0884	21	62.0916	21
	平均值	75.4365	–	72.6019	–	70.4013	–	68.3188	–	66.5376	–	65.7390	–	66.3831	–
川西北生态经济区	阿坝藏族羌族自治州	66.0806	12	64.7662	14	64.8163	13	63.3489	18	63.0549	18	63.3956	18	63.9629	17
	甘孜藏族自治州	61.0818	21	61.9360	21	61.2309	21	61.8261	21	61.3139	21	62.2013	20	63.4953	20
	平均值	63.5812	–	63.3511	–	63.0236	–	62.5875	–	62.1844	–	62.7985	–	63.7291	–
全省平均值		69.4300	–	69.1983	–	68.4828	–	68.3061	–	68.3164	–	69.0026	–	69.3049	–

表4-4给出了四川省21个市（州）的生态绿色发展的综合得分，由表格中的测算结果可以看出：

第一，成都平原经济区的生态绿色综合发展水平高出全省平均水平，但经济区域内部发展差距较大。成都市的生态绿色综合发展水平处于全省领先地位，2015年成都市生态绿色发展的综合得分为85.5225，而2021年的数值上升到85.8672但尚未突破90分这一关卡，存在较大的上升空间。2015—2021年绵阳市的生态绿色发展的综合得分均低于全省平均水平，虽然绵阳市的经济发展总量较高，居于全省前列，但其生态绿色综合发展较为落后，与经济发展总量的排名不匹配。尤其是雅安市的生态绿色综合发展水平呈下降态势，2015年雅安市的生态绿色发展的综合得分为70.5084，2019年下降至68.7537，2021年虽有所回升（70.1533），但其数值仍低于2015年得分。

第二，川南经济区整体的生态绿色发展的综合得分均较高，2015—2021年川南经济区的生态绿色发展的综合得分不仅高出全省平均水平，且高于成都平原经济区的发展水平（除2017年外）。此外，川南经济区内部的发展较为平衡，研究期内各别年份，自贡市（2018年）、泸州市（2020年）、内江市（2021年）和宜宾市（2020年）的生态绿色发展的综合排名均处于领先地位。

第三，川东北经济区与成都平原经济区在生态绿色发展发展方面较为相似，虽然整体发展水平高于全省平均值（除2017年和2020年以外），其整体发展程度不高且内部发展差异较大。其中，广安市的生态绿色发展的综合得分较为突出，2015年的数值为81.0397，位居全省第五位；2019年其数值为79.4244，上升至全省第三位；而2020年（第九位）和2021年（第八位）呈明显下降趋势。达州市和广元市的生态绿色发展的综合得分相对较差。

第四，攀西经济区和川西北生态经济区的生态绿色发展的综合得分均处于全省末尾，虽然凉山州、甘孜州和阿坝州的空气质量指数较好，但是在生态绿色其他方面的发展不够充分，有待进一步提升。

表4-4 2015—2021年四川省21个市（州）生态绿色发展的综合得分

五大经济区域名称	市（州）	C2015	排序	C2016	排序	C2017	排序	C2018	排序	C2019	排序	C2020	排序	C2021	排序
成都平原经济区	成都市	85.5225	1	85.3017	1	84.5756	1	88.0010	1	88.6709	1	84.0169	1	85.8672	1
	德阳市	80.1931	7	79.2633	7	77.8571	4	80.1403	5	75.8125	10	75.9226	10	78.9914	4
	绵阳市	74.7688	14	74.1896	15	73.5525	12	73.3496	15	72.9750	15	71.2549	18	72.0414	15
	资阳市	81.6186	4	80.5326	3	78.9224	2	80.8678	4	79.0210	5	77.6211	5	78.5165	6
	遂宁市	83.3278	2	82.6010	2	78.5190	3	79.5844	3	79.7386	2	77.0133	7	78.8471	5
	乐山市	74.3650	15	75.1636	14	73.2476	14	74.4163	14	73.7592	14	71.7059	17	71.2582	18
	眉山市	75.9013	12	75.4280	13	74.0873	11	74.8803	13	74.5828	12	72.3457	16	71.3024	17
	雅安市	70.5084	18	71.3847	17	71.7017	16	69.9404	17	68.7537	17	73.0494	13	70.1533	19
	平均值	78.2757	—	77.9831	—	76.5579	—	77.6600	—	76.6642	—	75.3662	—	75.8722	—
川南经济区	自贡市	82.3399	3	79.4096	5	75.8198	7	81.0648	2	77.8149	7	77.2693	6	79.0996	3
	泸州市	78.8044	9	78.4508	8	75.7726	8	78.2189	10	77.3867	8	77.7245	4	76.9683	9
	内江市	81.0314	6	79.4094	6	76.5167	6	80.8690	6	79.3645	3	78.3632	3	79.6001	2
	宜宾市	78.0906	10	78.3544	9	75.2655	10	79.2756	8	78.7747	8	80.3861	2	76.4555	10
	平均值	80.0666	—	78.9061	—	75.8436	—	79.8571	—	78.3352	—	78.4358	—	78.0309	—

续表4-4

五大经济区域名称	市(州)	C2015	排序	C2016	排序	C2017	排序	C2018	排序	C2019	排序	C2020	排序	C2021	排序
川东北经济区	广元市	74.9399	13	75.4465	12	73.5296	13	72.3527	16	72.8011	16	72.6410	15	74.2231	12
	南充市	79.4065	8	78.0455	10	75.3040	9	78.4432	9	77.1041	9	76.2931	8	78.1409	7
	广安市	81.0397	5	79.6735	4	76.6225	5	80.0570	6	79.4244	3	76.0750	9	77.5031	8
	达州市	72.7262	16	72.0879	16	72.7826	15	75.6329	11	74.2745	13	73.3937	12	74.6178	11
	巴中市	76.8549	11	76.3945	11	70.2799	19	74.9970	12	74.7541	11	72.6985	14	74.1646	13
	平均值	76.9934	–	76.3296	–	73.7037	–	76.2966	–	75.6716	–	74.2203	–	75.7299	–
攀西经济区	攀枝花市	70.5603	17	70.7111	18	70.3161	18	68.6152	18	68.1673	19	66.4973	21	67.0374	21
	凉山彝族自治州	69.2374	19	70.5270	19	70.5699	19	68.4964	19	68.5274	18	70.4579	19	72.6459	14
	平均值	69.8988	–	70.6190	–	70.4430	–	68.5558	–	68.3474	–	68.4776	–	69.8416	–
川西北生态经济区	阿坝藏族羌族自治州	69.0818	20	70.3060	20	66.2940	20	63.4102	21	65.8026	21	69.6175	20	69.1402	20
	甘孜藏族自治州	66.4580	21	69.8674	21	68.6581	21	65.9140	20	67.2688	20	73.4834	11	71.5876	16
	平均值	67.7699	–	70.0867	–	67.4761	–	64.6621	–	66.5357	–	71.5504	–	70.3639	–
	全省平均值	76.5132	–	76.3118	–	74.2950	–	75.6489	–	74.9895	–	74.6586	–	75.1505	–

表4-5给出了四川省21个市（州）的对外贸易发展的综合得分，由表格测算结果可以看出：

第一，成都市的对外贸易发展存在明显的"虹吸效应"。成都市的对外贸易发展综合得分最高，处于全省领先地位且与其余20个市州的发展差异较大。2015—2021年成都市的对外贸易发展的综合得分均超过了93，其构成的三级指标均处于全省的领先水平。由此可见，在对外贸易发展方面，资源主要集中在成都市。

第二，对外贸易发展的综合得分较高的城市主要集中在成都平原经济区。综合对比2015—2021年的发展数据来看，成都市、绵阳市和巴中市的综合排名均位于全省前列。

第三，除成都外，其余20个市（州）的对外贸易发展较为平衡但发展水平均不够充分。从2021年的数据来看，除成都市以外的20个市（州）对外贸易发展的综合得分均低于74分。位居全省第二位的巴中市的对外贸易发展的综合得分仅为73.7572，较成都市的数值低20.0620；位居全省最后一位的阿坝州的对外贸易发展综合得分为60.0865，与巴中市间的发展差异仅为13分。

表 4 - 5　2015—2021 年四川省 21 个市（州）对外贸易发展的综合得分

五大经济区域名称	市（州）	D2015	排序	D2016	排序	D2017	排序	D2018	排序	D2019	排序	D2020	排序	D2021	排序
成都平原经济区	成都市	96.3548	1	95.9750	1	95.2098	1	94.9614	1	94.5908	1	94.5858	1	93.8192	1
	德阳市	74.1926	5	68.5904	8	66.6555	9	67.0045	9	66.8136	10	66.2265	11	66.8753	14
	绵阳市	81.2625	2	72.7091	2	70.0968	4	72.6767	2	71.3499	3	71.4848	3	71.9215	3
	资阳市	67.3164	15	66.8510	12	66.4459	10	67.6751	7	67.8821	7	68.4890	7	69.4535	7
	遂宁市	73.1495	6	65.9227	14	64.7315	15	64.3389	17	64.5088	17	64.4717	17	65.1442	17
	乐山市	71.3516	11	67.7683	10	67.2207	8	66.9438	10	66.2557	12	65.9465	14	67.0430	12
	眉山市	66.5530	16	65.4994	15	64.8445	14	66.2072	13	65.8304	14	66.1122	13	67.2566	11
	雅安市	67.3627	14	63.6041	18	63.4378	18	64.1935	18	64.1027	18	64.2490	18	64.3574	18
	平均值	74.6929	-	70.8650	-	69.8303	-	70.5001	-	70.1668	-	70.1957	-	70.7338	-
川南经济区	自贡市	71.6352	10	67.2623	11	66.2775	11	66.4186	12	66.4053	11	66.5946	10	67.3259	10
	泸州市	69.4407	13	68.6135	7	71.5967	2	70.1803	4	70.3817	4	70.8355	4	71.8482	4
	内江市	63.9342	18	64.9021	16	64.6052	16	65.1591	16	65.3343	15	65.6782	15	66.4277	15
	宜宾市	72.4814	8	69.1510	5	67.3160	7	67.0284	8	67.0473	8	67.2782	8	67.7186	9
	平均值	69.3729	-	67.4822	-	67.4488	-	67.1966	-	67.2922	-	67.5966	-	68.3301	-

续表4-5

五大经济区域名称	市（州）	D2015	排序	D2016	排序	D2017	排序	D2018	排序	D2019	排序	D2020	排序	D2021	排序
川东北经济区	广元市	72.9468	7	66.4887	13	65.6933	13	65.9217	14	66.0130	13	66.2067	12	66.9838	13
	南充市	71.2952	12	69.1688	4	68.4019	5	68.6620	6	69.7201	5	69.7982	6	71.2927	5
	广安市	72.4750	9	68.0129	9	65.9508	12	66.7713	11	66.9818	9	66.7019	9	67.7611	8
	达州市	74.5213	4	68.7235	6	67.6283	6	68.7060	5	69.2389	6	70.0565	5	71.0011	6
	巴中市	75.0171	3	72.5624	3	71.4234	3	72.3042	3	72.6640	2	73.0153	2	73.7572	2
	平均值	73.2511	—	68.9913	—	67.8195	—	68.4730	—	68.9236	—	69.1557	—	70.1592	—
攀西经济区	攀枝花市	62.9407	20	61.4455	21	61.9359	19	61.8456	19	61.7575	20	61.3977	20	61.8463	19
	凉山彝族自治州	66.1247	17	64.2745	17	64.3344	17	65.1929	15	65.3323	16	65.6289	16	65.6507	16
	平均值	64.5327	—	62.8600	—	63.1352	—	63.5192	—	63.5449	—	63.5133	—	63.7485	—
川西北生态经济区	阿坝藏族羌族自治州	60.2931	21	62.3206	20	61.6424	20	60.8776	21	60.5747	21	60.3585	21	60.0865	21
	甘孜藏族自治州	63.7926	19	62.3792	19	61.7322	19	61.8297	20	61.9320	19	61.6982	19	61.4979	20
	平均值	62.0429	—	62.3499	—	61.6873	—	61.3537	—	61.2534	—	61.0283	—	60.7922	—
全省平均值		71.1639	—	68.2012	—	67.4848	—	67.8523	—	67.8437	—	67.9435	—	68.5271	—

　　表4-6给出了四川省21个市（州）的民生福祉发展的综合得分，由表格测算结果可以看出：

　　第一，四川省21个市（州）的民生福祉发展的综合得分均较好，除2018年和2020年乐山市的民生福祉发展的综合得分较低外，2015—2021年综合得分均超过了70分。

　　第二，四川省五大经济区域的民生福祉综合发展平衡性较好。从平均数值来看，2021年发展最好的川西北生态经济区的综合得分为77.5464，发展较差的川南经济区的综合得分为74.9300，两者之间相差不到3分。

　　第三，综合2015—2021年数据来看，川东北经济区的民生福祉发展的综合得分较好。而2021年达州市的民生福祉发展不够充分，其数值仅为73.0744（第17位），进而导致川东北经济区的平均数值较低。2019年，巴中市的民生福祉发展的综合得分仅为71.3428（第21位），导致川东北经济区五市的平均民生福祉发展的综合得分位于五大经济区末位。

　　第四，成都市的民生福祉发展的综合得分位居全省首位，与其余20个市（州）的发展差异较大。对比2021年数据来看，高出南充市（综合得分为80.3984，位居全省第二）10.6954分。

感知美好生活：区域经济高质量发展充分性和平衡性统计测度研究

表4-6 2015—2021年四川省21个市（州）民生福祉发展的综合得分

五大经济区域名称	市（州）	E2015	排序	E2016	排序	E2017	排序	E2018	排序	E2019	排序	E2020	排序	E2021	排序
成都平原经济区	成都市	91.8433	1	87.4973	1	90.2201	1	91.5325	1	91.2124	1	92.4187	1	91.0938	1
	德阳市	77.0813	14	73.5854	19	75.9403	16	73.7634	18	76.2714	11	69.3204	21	73.7067	15
	绵阳市	79.9233	9	77.6967	8	80.6529	7	79.5488	7	78.8186	4	75.6337	5	76.3473	9
	资阳市	74.3364	18	74.3323	17	74.7666	17	70.7134	20	74.7966	18	69.8673	19	73.2975	16
	遂宁市	80.4874	8	77.5787	9	79.1602	12	80.5731	5	75.5987	14	73.7971	10	76.4550	8
	乐山市	76.3488	16	72.9876	20	71.2849	19	68.7449	21	72.0832	20	69.3895	20	70.1119	20
	眉山市	77.7762	13	76.6254	10	79.3434	11	79.5271	8	78.2430	6	70.2086	18	74.5286	13
	雅安市	74.1249	19	74.6049	16	78.6085	13	75.4171	16	75.0184	17	70.9899	15	69.2405	21
	平均值	78.9902	—	76.8635	—	78.7471	—	77.4775	—	77.7553	—	73.9531	—	75.5976	—
川南经济区	自贡市	70.3708	21	72.1572	21	70.3683	20	71.0401	19	75.1238	15	70.9495	16	72.6293	18
	泸州市	83.3363	3	82.1830	3	80.9840	5	75.7096	15	78.4594	5	74.9609	8	75.5499	12
	内江市	75.5071	17	75.1907	13	73.1250	18	76.0397	13	75.6397	13	72.5970	13	77.4748	6
	宜宾市	82.3170	4	81.1681	4	82.2910	2	75.9690	14	77.5326	7	74.1771	9	74.0659	14
	平均值	77.8828	—	77.6747	—	76.6921	—	74.6896	—	76.6889	—	73.1711	—	74.9300	—

续表 4 - 6

五大经济区域名称	市(州)	E2015	排序	E2016	排序	E2017	排序	E2018	排序	E2019	排序	E2020	排序	E2021	排序
川东北经济区	广元市	78.8865	10	76.2041	12	78.3808	15	77.0726	12	76.1623	12	70.5910	17	75.5606	11
	南充市	83.9815	2	79.9105	6	81.8990	4	83.0647	2	79.2163	3	75.5746	6	80.3984	2
	广安市	80.8908	7	81.0295	5	80.6993	6	81.9193	4	76.2831	10	73.4812	11	79.1944	4
	达州市	80.9386	6	79.3514	7	80.5982	8	79.4227	9	77.4424	8	76.0726	3	73.0744	17
	巴中市	76.5603	15	74.7927	14	79.5183	10	74.0080	17	71.3428	21	72.7405	12	75.6859	10
	平均值	80.2515	—	78.2576	—	80.2191	—	79.0975	—	76.0894	—	73.6920	—	76.7827	—
攀西经济区	攀枝花市	72.1359	20	74.6277	15	69.1021	21	77.0749	11	74.6292	19	71.8911	14	70.2682	19
	凉山彝族自治州	81.2156	5	82.3535	2	81.9806	3	82.8965	3	81.2751	2	81.5422	2	79.7708	3
	平均值	76.6758	—	78.4906	—	75.5414	—	79.9857	—	77.9521	—	76.7167	—	75.0195	—
川西北生态经济区	阿坝藏族羌族自治州	77.8269	12	76.5843	11	79.5648	9	80.3577	6	76.9452	9	75.2435	7	78.2242	5
	甘孜藏族自治州	78.1913	11	73.9685	18	78.5747	14	78.7179	10	75.0651	16	76.0364	4	76.8685	7
	平均值	78.0091	—	75.2764	—	79.0697	—	79.5378	—	76.0051	—	75.6399	—	77.5464	—
全省平均值		78.7657	—	77.3538	—	78.4316	—	77.7673	—	77.0076	—	74.1658	—	75.8832	—

4.1.2 不同指标层级权重的测算结果及分析

（1）一级指标权重分析结果。

根据公式（3-6）可以测算出三级指标、二级指标和一级指标在构建经济高质量发展指数中所占的权重，用以分析哪些指标是影响综合得分的重要因素。表4-7给出了2015—2021年四川省经济高质量水平一级指标权重数值。

表4-7 2015—2021年四川省经济高质量水平一级指标权重

一级指标	2015年	2016年	2017年	2018年	2019年	2020年	2021年	2016—2020年平均值
经济健康	9.00%	10.49%	9.39%	10.41%	11.54%	15.95%	12.42%	11.56%
创新驱动	38.91%	43.40%	42.95%	35.49%	40.40%	35.95%	37.87%	39.64%
生态绿色	13.18%	9.72%	8.62%	17.03%	14.43%	8.10%	10.66%	11.58%
对外贸易	29.52%	29.05%	28.22%	25.80%	26.39%	27.11%	27.94%	27.31%
民生福祉	9.38%	7.34%	10.82%	11.26%	7.24%	12.89%	11.11%	9.91%

由表格中的数值可以看出：2015—2021年创新驱动发展和对外贸易发展是影响四川省经济高质量发展最重要的两个因素，创新驱动对经济高质量发展的影响更为重要。通过对比2016—2020年（十三五期间）权重的平均数与2015年数值可知，相比十二五收官之年，十三五期间创新驱动对于经济高质量发展的作用显著提升，由2015年的38.91%，上升至十三五期间的39.64%。基于十三五期间的数据可知，创新驱动对于经济高质量发展的作用呈下降趋势。由2016年的43.40%下降至2020年的35.95%。而十四五开局之年，创新驱动对于经济高质量发展的作用有增强的趋势。

生态绿色发展和对外贸易的影响作用呈下降趋势。而经济健康持续发展和民生福祉发展在经济高质量发展中的作用有所提升。单从2021年的数值横向对比可以看出，创新驱动发展所占比重为37.87%，对外贸易发展所占比重为 27.94%，两个维度所占比重之和超过了 65%（见图 4－1）。经济健康持续发展虽然所占比重较少，但在经济高质量发展过程中的作用性逐年增强。民生福祉和生态绿色发展是经济高质量发展当中较为重要的影响因素，在本书中虽然这两个维度的影响作用较少，但根据 21 个市（州）在这两个维度上的综合得分情况可以看出，这两个维度的综合发展较为平衡，不是导致经济高质量发展存在不平衡差异的重要制约因素。因此，综合对比分析可知，要想改善四川省经济高质量发展的平衡性，应该重点加强和改善创新驱动发展和对外贸易这两个维度的平衡发展。

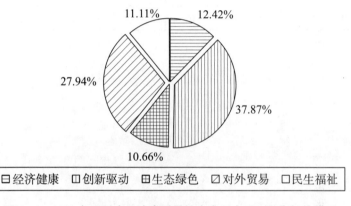

图 4－1 2021 年四川省经济高质量综合发展水平一级指标的权重

（2）二级指标和三级指标权重分析结果。

表 4－8 给出了 2015—2021 年四川省经济高质量水平二级指标权重数值，表 4－9 给出了 2015—2021 年四川省经济高质量水平三级指标权重数值，具体如下所示。

表 4－8 2015—2021 年四川省经济高质量水平二级指标权重

二级指标	2015 年	2016 年	2017 年	2018 年	2019 年	2020 年	2021 年
经济效益	12.10%	33.38%	20.97%	23.41%	19.44%	12.68%	22.48%
经济结构	19.34%	16.26%	19.15%	17.49%	14.01%	14.75%	15.20%
经济风险	22.43%	17.82%	16.90%	14.59%	25.38%	21.97%	13.37%

续表4－8

二级指标	2015 年	2016 年	2017 年	2018 年	2019 年	2020 年	2021 年
交通网络	46.13%	32.54%	42.98%	44.51%	41.18%	50.60%	48.95%
创新投入	79.26%	81.52%	79.81%	76.84%	83.04%	82.17%	80.02%
创新产出	20.74%	18.48%	20.19%	23.16%	16.96%	17.83%	19.98%
环境治理	21.09%	28.32%	27.66%	15.35%	24.35%	38.67%	32.95%
绿色集约	78.91%	71.68%	72.34%	84.65%	75.65%	61.33%	67.05%
医疗健康	29.53%	26.86%	26.02%	28.61%	29.95%	44.04%	35.43%
人民生活	8.67%	13.28%	11.85%	8.89%	16.69%	12.80%	10.95%
社会保障	29.92%	21.67%	33.11%	35.03%	22.99%	10.51%	23.44%
教育共享	31.89%	38.18%	29.02%	27.46%	30.37%	32.65%	30.19%

表 4 - 9　2015—2021 年四川省经济高质量水平三级指标权重

一级指标	二级指标	三级指标	符号	2015 年	2016 年	2017 年	2018 年	2019 年	2020 年	2021 年
经济健康（A）	经济效益（AA）	经济总量	AA1	32.46%	27.22%	36.18%	42.77%	26.48%	40.61%	39.35%
		经济增量	AA2	34.81%	41.88%	35.62%	29.74%	33.16%	29.02%	19.15%
		能源产出率	AA3	32.73%	30.90%	28.20%	27.49%	40.36%	30.37%	41.50%
	经济结构（AB）	民营经济总量	AB1	30.04%	31.15%	32.02%	32.52%	30.96%	36.38%	36.85%
		产业结构	AB2	23.01%	22.64%	23.40%	27.45%	29.99%	28.13%	28.13%
		就业结构	AB3	21.02%	20.29%	19.68%	17.91%	17.56%	15.73%	15.77%
		空间结构	AB4	25.93%	25.91%	24.91%	22.13%	21.49%	19.76%	19.25%
	经济风险（AC）	通货膨胀率	AC1	24.99%	32.01%	30.38%	34.05%	42.46%	20.83%	30.09%
		资产负债率	AC2	36.02%	31.61%	37.51%	32.71%	27.51%	40.83%	30.92%
		失业率	AC3	38.99%	36.38%	32.11%	33.24%	30.03%	38.34%	39.00%
	交通网络（AD）	运输线路	AD1	37.60%	36.62%	36.09%	37.24%	37.24%	39.41%	39.23%
		高速运营	AD2	35.07%	33.80%	34.78%	35.32%	36.61%	37.86%	37.84%
		城市交通	AD3	27.33%	29.58%	29.13%	27.43%	26.16%	22.73%	22.93%

续表4－9

一级指标	二级指标	三级指标	符号	2015 年	2016 年	2017 年	2018 年	2019 年	2020 年	2021 年
创新驱动（B）	创新投入（BA）	资金投入	BA1	24.03%	25.54%	26.75%	27.43%	26.50%	28.84%	28.68%
		人力投入	BA2	48.90%	49.25%	47.87%	42.40%	42.88%	41.26%	38.35%
		政府资金	BA3	27.07%	25.21%	25.38%	30.17%	30.62%	29.90%	32.97%
	创新产出（BB）	产出效率	BB1	24.03%	30.57%	34.10%	46.05%	42.86%	33.16%	31.40%
		结构优化	BB2	48.90%	42.66%	40.83%	31.08%	28.65%	35.20%	36.88%
		数字经济	BB3	27.07%	26.77%	25.07%	22.87%	28.49%	31.65%	31.72%
生态绿色（C）	环境治理（CA）	空气质量	CA1	20.52%	20.32%	23.97%	22.26%	23.95%	23.81%	29.09%
		土壤质量	CA2	17.18%	18.58%	12.29%	16.08%	15.18%	15.09%	13.97%
		生活垃圾	CA3	19.23%	20.84%	22.13%	19.63%	18.90%	18.87%	18.68%
		水质量	CA4	25.00%	18.31%	15.58%	18.32%	16.89%	10.85%	11.10%
		制度保障	CA5	18.06%	21.95%	26.02%	23.71%	25.07%	31.37%	27.16%
	绿色集约（CB）	国土空间优化	CB1	38.21%	36.57%	33.27%	36.38%	36.34%	36.03%	42.05%
		环保设施	CB2	20.83%	22.18%	24.23%	22.52%	23.31%	23.09%	23.63%
		资源集约	CB3	20.16%	20.14%	19.46%	20.09%	19.45%	20.18%	13.29%
		森林绿化	CB4	20.81%	21.11%	23.03%	21.01%	20.89%	20.70%	21.03%

续表4－9

一级指标	二级指标	三级指标	符号	2015年	2016年	2017年	2018年	2019年	2020年	2021年
对外贸易（D）	外贸依赖度（DA）	对外贸易依存度	DA1	35.29%	35.92%	36.23%	35.35%	34.00%	33.69%	32.26%
		省外零售依赖度	DA2	29.22%	35.30%	36.04%	35.04%	35.43%	34.30%	33.91%
		内贸依存度	DA3	35.49%	28.78%	27.72%	29.62%	30.58%	32.01%	33.83%
民生福祉（E）	医疗健康（EA）	健康状况	EA1	29.58%	39.30%	28.34%	36.36%	23.13%	45.56%	42.93%
		医疗机构	EA2	40.63%	33.72%	39.15%	34.00%	39.77%	27.95%	29.63%
		医疗人力	EA3	29.79%	26.98%	32.51%	29.64%	37.10%	26.49%	27.45%
	人民生活（EB）	城乡收入差距	EB1	20.54%	18.59%	19.59%	23.15%	20.94%	20.10%	19.49%
		城乡消费差距	EB2	20.78%	17.95%	18.78%	20.42%	17.53%	21.31%	23.61%
		就业工资	EB3	30.40%	34.79%	34.75%	30.71%	25.95%	32.39%	30.46%
		城乡居住面积差距	EB4	28.27%	28.68%	26.87%	25.72%	35.58%	26.20%	26.44%
	社会保障（EC）	最低生活保障情况	EC1	25.19%	23.72%	23.28%	21.86%	31.41%	44.89%	27.65%
		基本养老保险	EC2	31.62%	38.24%	22.17%	57.21%	47.35%	27.93%	19.68%
		基本医疗保险	EC3	43.19%	38.04%	54.55%	20.93%	21.25%	27.18%	52.67%
	教育（ED）	高等教育	ED1	32.69%	27.85%	32.65%	34.05%	32.63%	33.79%	33.06%
		义务教育	ED2	37.00%	31.50%	34.67%	35.24%	33.43%	34.72%	33.14%
		教育支出	ED3	30.32%	40.64%	32.68%	30.71%	33.95%	31.49%	33.80%

综合 2015—2021 年数值结果发现：

第一，经济健康持续发展方面。从二级指标权重结果来看，交通网络基础设施的建设是影响经济健康持续发展的重要因素，2015 年所占的权重数值为 46.13%，2021 年所占权重数值为 48.95%，呈上升趋势，而经济效益的影响作用在逐年增强，尤其是经济效益在 2016 年的影响作用较强，约占三分之一的比重；经济风险所占权重数值由 2015 年的 22.43% 下降至 2021 年的 13.37%。

从三级指标权重结果来看，经济效应中应重点关注能源产出率的发展平衡问题，2021 年能源产出率所占权重数值由 2015 年的 32.73% 上升至 41.50%。经济结构中应重点关注民营经济发展和产业结构发展的平衡性，从 2015—2021 年的数值可知，民营经济总量的权重数值均超过了 30%，产业结构所占权重数值也由 2015 年的 23.01% 上升至 2021 年的 28.13%。经济风险中应重点关注通货膨胀率的影响，2015—2021 年该指标所占权重数值在持续增长，由 2015 年的 24.99% 上升至 2021 年的 30.09%。交通网络基础设施中应重点关注运输线路和高速运营的影响，加强交通基础设施建设，这是一个城市高质量发展的重要基础保障。

第二，创新驱动发展方面。从二级指标权重结果来看，创新投入是影响创新驱动的重要因素，从 2015—2021 年创新投入所占权重数据来看，历年的数值均超过 76%。而人力投入是影响创新投入的重要因素，2015—2021 年人力投入所占比重均远超过了 38%。从三级指标权重结果来看，创新产出中应关注产出效率和数字经济的突出作用，这两项指标所占权重均呈明显的上升趋势，产出效率指标所占权重由 2015 年的 24.03% 上升至 2021 年 31.40%，数字经济指标所占权重由 2015 年的 27.07% 上升至 2019 年的 31.72%。

第三，生态绿色发展方面。从二级指标权重结果来看，绿色集约是影响生态绿色发展的重要因素，从 2015—2021 年绿色集约指标所占权重数值来看，均在 60% 以上，约是环境治理指标所占权重的 2 倍。从三级指标权重结果来看，空气质量和制度保障是影响环境治理的重要因素，且两者的作用呈显著逐年递增的趋势，空气质量所占权重数值由2015年的20.52%上升至2021年的29.09%。制度保障机制所占权重数值由2015年的18.06%上升至2021年的27.16%。绿色集约中应重点关注国土空间优化这项指标的突出作用，2015—2021年该项指标所占权重均是33%以上。

第四，对外贸易发展方面。由于对外贸易仅有一个二级指标，因此仅针对三级指标进行分析。由表4-9的结果可知，对外贸易依存度、省外零售依赖度和内贸依存度三者对于对外贸易的影响平分秋色。随着扩大内需战略的实施，四川省的对外贸易依存度有所下降，其所占权重数值由2015年的35.29%下降至2021年的32.26%。而四川省对省外零售依赖度和内贸依存度有所提升，尤其是省外零售依赖度。相对于2015年来看，四川省的对外贸易综合发展对于省外零售依赖度有所提升，省外零售依赖度所占权重由2015年的29.22%提升至2021年的33.91%。十三五期间，内贸依存度所占权重由2016年的28.78%提升至2020年的32.01%。而2021年该数值提升至33.83%。

第五，民生福祉方面。从二级指标权重结果来看，健康状况、社会保障和教育共享这三项是影响民生福祉的重要因素，尤其是健康状况和教育共享所占权重数值，2021年均超过30%。由此可见，教育和医疗仍然是民生关注的重点内容。

从三级指标权重结果来看，随着人们对于美好生活需要的提升，健康状况的改善成为医疗健康关注的重点因素，2020年和2021年，该指标所占权重均超过42%。医疗机构虽是医疗健康最为重要的基础，其权重数值在2015年高达40.63%，随着国家对于医疗机构的建设投入力度的增强，医疗机构对医疗健康的作用程度有所减少，但2021年其权重数值仍有29.63%。医疗人力对医疗健康综合发展的贡献有所提升，该指标所占权重数值由2015年的29.79%上升至2019年的37.10%。随着国家对医疗人才的重视和培养体系的完善，2020年和2021年其权重数值呈下降趋势。

人民生活中应该重点关注就业问题，除 2019 年以外（25.95%），其余年份就业工资这项指标的权重数值均在 30% 以上，其是影响人民生活的首要因素。其次，人民生活中应重点关注城乡之间的住房差异，该指标权重数值已由 2015 年的 28.27% 上升至 2019 年的 35.58%。2020 年和 2021 年该数值虽有下降，但仍是第二位影响因素。因此，城乡间发展平衡问题依然是不平衡发展问题的关键。

最低生活保障情况、基本养老保险和基本医疗保险均是社会保障的重点因素，尤其是基本养老保险，该指标权重已经由 2015 年的 31.62% 上升至 2018 年的 57.21% 和 2019 年的 47.35%，由此可见，随着我国人口老龄化的不断加速，养老问题成为民生福祉关注的典型问题。而 2021 年人民生活关注的重点转向了基本医疗保险，其所占权重数值在 2021 年达到了 52.67%。

高等教育、义务教育和教育支出在影响教育发展方面亦平分秋色，无论是基础义务教育还是高等教育，均是民生关注的重要内容，尤其应该加大政府对于教育支出的比重，教育支出所占权重数值由 2015 年的 30.32% 提升至 2021 年的 33.80%。

🔘 4.2 四川省高质量经济发展平衡性的测度结果

通过分析四川省的经济高质量发展水平可知，四川省 21 个市（州）的经济高质量综合水平和五大维度都存在差异性，但是差异性程度的大小有待进一步挖掘。于是，本书基于公式（3-10）和公式（3-11）来测度四川省整体经济高质量综合水平的平衡性，基于公式（3-15）来测度四川省整体经济高质量综合水平的区域间和区域内部的平衡性。

4.2.1　四川省经济高质量平衡发展的总体趋势和主要特征

（1）整体视角下的结果分析。

2015 年以来，四川省的经济高质量发展水平稳步发展，21 个市（州）的发展水平仍存在一定平衡问题，但不平衡程度已经得到一定的改善。从图 4 - 2 可知，基于基尼系数的测算结果来看，十二五收官之年，基尼系数值为 0.02616，2016—2021 年的基尼系数值均小于 2015 年的数值。通过公式（3 - 10）可知，基尼系数数值越小，四川省整体经济高质量发展的平衡程度越好，即发展较为平衡。由此可以发现，四川省整体经济高质量发展的平衡问题依然存在，但得到显著改善。

为了确保结果的准确性，基于泰尔总指数的测算结果来看，2015 年的泰尔总指数数值为 0.00157，2016 年的泰尔总指数数值为 0.00167。2017—2021 年的泰尔总指数数值也均小于 2015 年及 2016 年的数值。通过公式（3 - 11）可知，泰尔总指数的数值越小，四川省整体经济高质量发展越趋于平衡。泰尔总指数测算得到的结果与基尼系数得到的结论相同。

为了进一步测度区域间的差异和区域内部的差异，何为导致发展不平衡的根本原因。基于公式（3 - 15）的测算结果可知，相比之下，2015—2021 年，区域内部发展的不平衡所占比重均超过了 63%。说明区域内部发展的不平衡是导致四川省整体经济高质量发展不平衡更为重要的原因。要破局四川省经济高质量发展不平衡问题，首先要促使五大经济区域内部市（州）发展的平衡性。

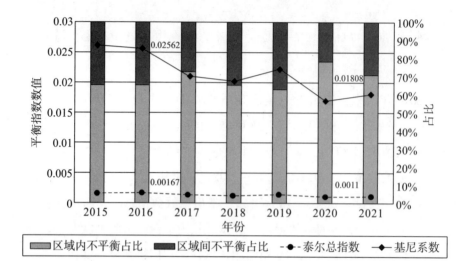

图 4 - 2　2015—2021 年四川省经济高质量综合发展不平衡指数

（2）分经济区视角下的结果分析。

由上述不平衡指数分解公式结果可知，四川省 21 个市（州）经济高质量发展不平衡的主要根源在于区域内部发展的不平衡。本书将四川省 21 个市（州）按照表 3 - 1 给出的分类标准划分为五大经济区，同样利用不平衡指数（基尼系数）分别对五大经济区发展不平衡程度进行了测算（见图 4 - 3）。

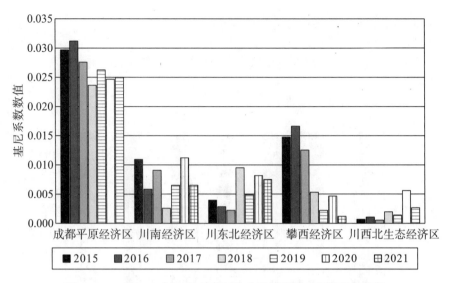

图 4 - 3　2015—2021 年四川省经济高质量综合发展不平衡指数

　　通过图 4 - 3 明显可以看出，成都平原经济区内部的八个城市间的经济高质量发展不平衡问题较为突出。2015—2021 年期间，其不平衡指数的数值均在 0.02687（年平均数）左右波动，且成都平原经济区内部城市间发展不平衡的程度在减弱，2015 年成都平原经济区不平衡指数数值为 0.02970，2021 年已经下降至 0.02501。相比之下，川南经济区、川东北经济区、攀西经济区和川西北生态经济区内部的发展平衡性较好，尤其是川东北经济区和川西北生态经济区，2015—2021 年期间，发展不平衡指数均未超过 0.010。而且，相比于 2015 年，十三五期间攀西经济区的不平衡程度显著下降。2015 年，攀西经济区的不平衡数值为 0.01476，2016—2021 年不平衡指数平均值为 0.00827，2021 年不平衡数值为 0.00119。而川南经济区、川东北经济区和川西北生态经济区的不平衡数值呈上升趋势。2015 年，川南经济区的不平衡数值为 0.01094，2016—2020 年不平衡指数平均值为 0.00704；2015 年，川南经济区的不平衡数值为 0.01094，2020 年不平衡指数数值为 0.01121；2015 年，川东北经济区的不平衡数值为 0.00396，2021 年不平衡指数数值为 0.00752；2015 年，川西北生态经济区的不平衡数值为 0.00069，

2021 年不平衡指数平均值为 0.00266。

4.2.2 四川省不同发展维度的平衡趋势和主要特征

（1）整体视角下的结果分析。

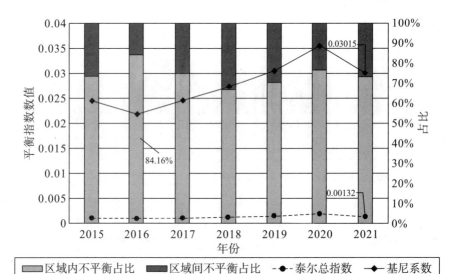

图 4 - 4 2015—2021 年四川省经济健康发展不平衡指数

第一，经济健康发展平衡性分析。图 4 - 4 给出了 2015—2021 年四川省经济健康发展不平衡指数趋势。无论是基于基尼系数的测算结果还是基于泰尔指数的测算结果均可以发现：十三五期间（2016—2020年），四川省经济健康发展不平衡指数呈明显的上升趋势，即四川省经济健康持续发展这一维度的不平衡程度逐年在拉大，于 2020 年出现了拐点，2021 年四川省经济健康发展不平衡指数下降，基尼系数下降至0.03015，泰尔指数下降至 0.00132。

接下来进一步测度区域间差异和区域内部差异，挖掘导致经济健康发展不平衡的根本原因。基于公式（3 - 15）的测算结果可知，相比之下，2015—2021 年，区域内部发展的不平衡所占比重均超过了66%。足以说明区域内部发展的不平衡导致四川省经济健康持续发展不平衡的主要原因。尤其是 2016 年，区域内部不平衡占比为 84.16%。由此可知，要破局四川省经济健康持续发展不平衡问题，关键在于维持五大经济区域内部市（州）的经济健康持续发展的平衡性。

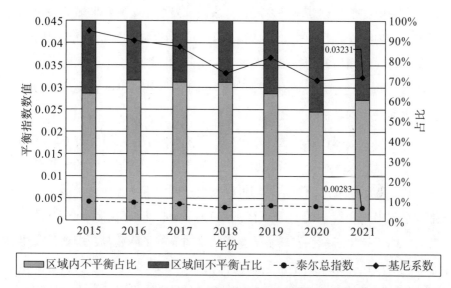

图 4 - 5　2015—2021 年四川省创新驱动发展不平衡指数

　　第二，创新驱动发展平衡性分析。图 4 - 5 给出了 2015 - 2021 年四川省创新驱动发展不平衡指数趋势。无论是基于基尼系数的测算结果还是基于泰尔指数的测算结果均可以发现：2015—2021 年期间，整体来说四川省创新驱动发展不平衡指数呈下降趋势，即四川省创新驱动发展这一维度的不平衡程度逐年在缩小，在 2018 年出现了拐折点，2019 年四川省创新驱动发展不平衡指数有所上升，基尼系数上升至 0.03619，泰尔指数上升至 0.00341。但从 2016—2020 年的不平衡指数的平均值来看，基尼系数平均数值为 0.037198，泰尔指数的平均值数为 0.00347，分别均低于 2015 年的基尼系数数值（0.04272）和泰尔指数数值（0.0042）。由此可见，十三五期间，四川省创新驱动发展的不平衡性问题依然存在，但不平衡程度得到缓解。

　　接下来进一步测度区域间差异和区域内部差异，何为导致创新驱动发展不平衡的根本原因。基于公式（3－15）的测算结果可知，2015—2021 年，区域内部发展的不平衡所占比重与区域之间不平衡所占比重相比，区域内不平衡占比略高，取值介于 54.46% 和 70.12% 之间。因此，有理由相信，创新驱动发展在区域内部发展不平衡和区域间发展不平衡现象均存在，且均是导致四川省创新驱动发展不平衡的重要原因。因此，要破局四川省创新驱动发展不平衡问题，既要关心五大经济区域内部市（州）的创新驱动发展的平衡性问题，也要注重五大区域间的创新驱动发展的平衡性问题。

第三，生态绿色发展平衡性分析。图 4－6 给出了 2015—2021 年四川省生态绿色发展不平衡指数趋势图。无论是基于基尼系数的测算结果还是基于泰尔指数的测算结果均可以发现：四川省生态绿色发展不平衡指数呈现出先下降后上升又下降的趋势，具体表现在：2015—2017 年期间，四川省生态绿色发展不平衡指数呈明显的下降趋势，即四川省生态绿色发展这一维度的不平衡程度正在缩小。2017 年基尼系数下降至 0.02691，泰尔指数下降至 0.00129。但在 2019 年出现了拐点，四川省生态绿色发展不平衡指数呈上升趋势。2018 年基尼系数上升至 0.04334，该不平衡指数比 2017 年上升了 61.06%；泰尔指数上升至 0.0034，该不平衡指数比 2017 年上升了 163.56%。由此可见，十三五中期，四川省生态绿色发展的不平衡性问题尤为突出。但十四五开局之年的不平衡指数明显小于十三五开局之年的不平衡指数数值，即 2021 年四川省生态绿色发展的平衡性得到很好的改善。

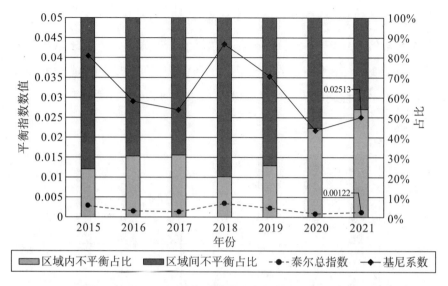

图 4 - 6　2015—2021 年四川省生态绿色发展不平衡指数

　　接下来进一步测度区域间差异和区域内部差异，何为导致生态绿色发展不平衡的根本原因。基于公式（3 - 15）的测算结果可知，相比之下，2015—2019 年期间区域内部发展的不平衡所占比重介于 20. 29% ~ 31. 01% 之间，数值略低于区域之间不平衡所占比重。因此，该研究期内，区域间发展不平衡是导致四川省生态绿色发展不平衡的重要原因。2020—2021 年，区域内发展不平衡问题日益凸显，其占比数值分别为 44. 71% 和 54. 10% 。因此，本书认为，2020 年和 2021 年绿色生态发展在区域内部发展不平衡和区域间发展不平衡现象均存在，且均是导致四川省绿色生态发展不平衡的原因。因此，未来要破局四川省生态绿色发展不平衡问题的突破口，主要是解决五大经济区域内部市（州）的绿色生态发展的平衡性问题，但五大区域间的绿色生态发展的平衡性问题也不能被忽视。

　　第四，对外开放发展平衡性分析。图 4 - 7 给出了 2015—2021 年四川省对外开放发展不平衡指数趋势。无论是基于基尼系数的测算结果还是基于泰尔指数的测算结果均可以发现：四川省对外开放发展不平衡指数呈上升趋势，但上升的幅度并不显著。2016 年，四川省对外开放发展的基尼系数数值为 0.02863，泰尔指数的数值为 0.00224。2021 年基尼系数数值为 0.03094，该不平衡指数仅上升了 3.27%；泰尔指数数值为 0.02252，该不平衡指数上升了 8.07%。由此可见，四川省对外开放发展的不平衡性问题依然存在，但 21 个市（州）之间的不平衡程度并没有被快速拉大。

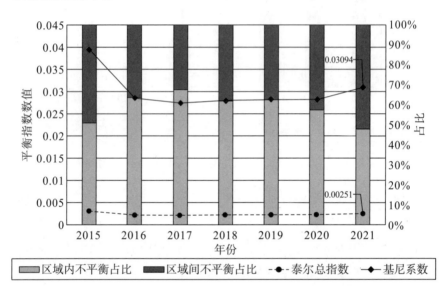

图 4 - 7　2015—2021 年四川省对外开放发展不平衡指数

　　接下来进一步测度区域间差异和区域内部差异，何为导致生态绿色发展不平衡的根本原因。基于公式（3 - 15）的测算结果可知，相比之下，2015—2021 年期间区域内部发展的不平衡所占比重呈现先上升后下降的趋势，占比最大数值为 67.58%（2017 年），2021 年区域内部发展的不平衡所占比重数值为 47.81%。因此，本书有理由认为对外开放发展在区域内部和区域间发展不平衡问题均较为突出，均是导致四川省对外开放发展不平衡更为重要的原因。因此，要破局四川省对外开放发展不平衡问题的突破口，既要促使五大经济区域内部市（州）的对外开放发展的平衡性问题，又要关注五大经济区域之间对外开放发展的平衡性问题。

　　第五，民生福祉发展平衡性分析。图 4-8 给出了 2015—2021 年四川省民生福祉发展不平衡指数趋势。无论是基于基尼系数的测算结果还是基于泰尔指数的测算结果均可以发现：四川省民生福祉发展不平衡指数呈先上升后下降的趋势。但是总体来看，截止到 2021 年，四川省民生福祉发展不平衡问题并没有得到有效改善，2015 年四川省民生福祉发展的基尼系数数值为 0.02427，泰尔指数数值为 0.00104。而 2020 年，基尼系数数值为 0.02788，相比 2015 上升 0.00361。泰尔指数上升至 0.00133，也仅上升了 0.00029。由此可见，十三五期间，四川省民生福祉发展的不平衡性问题依然存在。2021 年其不平衡指数数值与 2015 年数据基本持平，显然 21 个市（州）之间的不平衡程度并没有被进一步拉大。

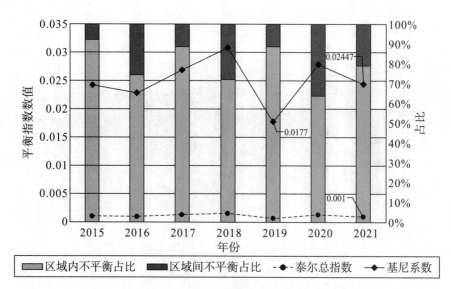

图 4-8　2015—2021 年四川省民生福祉发展不平衡指数

　　接下来进一步测度区域间差异和区域内部差异，何为导致民生福祉发展不平衡的根本原因。基于公式（3-15）的测算结果可知，相比之下，2015—2021 年，区域内部发展的不平衡所占比重均超过了 63%。说明在民生福祉发展领域中区域内部发展的不平衡是导致四川省民生福祉发展不平衡最为主要的原因。2015 年，区域内部不平衡占比为 93.27%，2021 年该比重下降至 79.00%，但数值依然较大。由此可以得出，要破局四川省民生福祉发展不平衡，主要关注点应放在促使五大经济区域内部市（州）的民生福祉发展的平衡性问题上。

综合四川省经济高质量发展五大维度不平衡指数分析可知，图 4－9 给出的是基尼系数的对比结果，图 4－10 给出的是泰尔总指数的对比结果。无论是基于基尼系数的测算结果还是基于泰尔指数的测算结果均可以发现：2015—2021 年期间，21 个市（州）的创新驱动发展不平衡问题和对外开放发展不平衡问题较为突出，且这两个领域的不平衡程度远远高出经济健康发展、生态绿色发展和民生福祉发展这三个维度的不平衡程度。

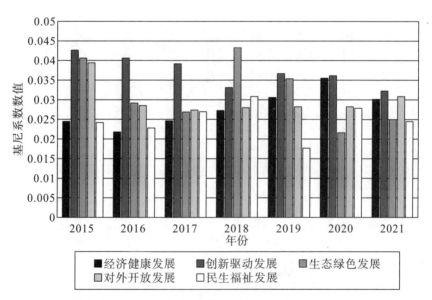

图 4－9　四川省经济高质量发展五大维度不平衡指数——基尼系数

接下来，将四川省经济高质量发展中五大维度发展不平衡问题按照不平衡程度进行排序，可以发现：创新驱动发展不平衡程度＞对外开放发展不平衡程度＞生态绿色发展不平衡程度＞经济健康发展不平衡程度＞民生福祉发展不平衡程度。通过对比泰尔总指数这一不平衡指数可以发现，创新驱动发展不平衡问题是四川省目前要解决的重点不平衡发展问题，尤其是要重点解决四川省五大经济区域内部创新驱动发展的不平衡问题，但四川省整体创新驱动不平等问题已经得到了极大的改善。2018 年以后，生态绿色发展不平衡程度也得到了极大改善，然而对外开放发展的不平衡问题出现了上升的趋势。

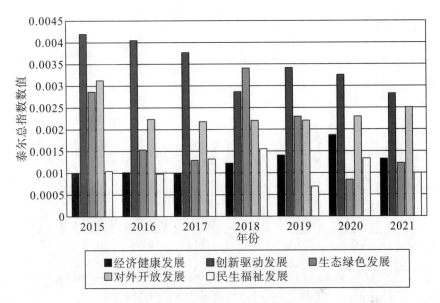

图 4 - 10　四川省经济高质量发展五大维度不平衡指数——泰尔指数

（2）分经济区视角下的结果分析。

由上述不平衡指数分解公式结果可知，经济高质量发展五大维度的不平衡问题中，五大经济区域内部城市间发展的不平衡是主要原因。于是，本书分为针对经济高质量发展五大维度的五大经济区域内部的不平衡问题展开具体分析，主要利用基尼系数测算不平衡指数数值。具体分析结论如下：

第一，经济健康发展五大区域内部平衡性分析。通过图 4 - 11 明显可以看出，相较于 2015 年，2020 年四川省五大经济区的经济健康发展不平衡程度进一步扩大。具体表现在：攀西经济区内部两个城市间的经济健康发展不平衡问题较为突出。2017 年，其不平衡指数数值为

0.01524。2021 年，其数值有所下降，但仍是五大经济区之最。其次，成都平原经济区内部的八个城市间的经济健康发展不平衡问题也较为突出，且呈现发展不平衡扩大趋势。从数值来看，2015 年其不平衡指数的数值为 0.01842，2021 年其不平衡指数的数值上升为 0.02467。相比之下，仅川南经济区内部的发展不平衡程度有所下降，其 2021 年的不平衡指数数值为 0.01134，小于 2015 年的数值（0.03569）。

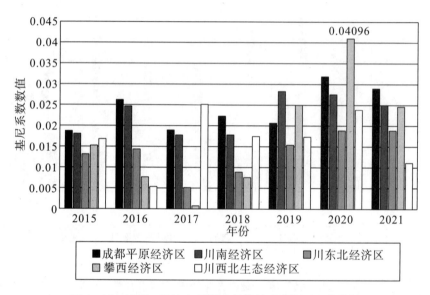

图 4 - 11　2015—2021 年四川省经济健康发展不平衡指数

第二，创新驱动发展五大区域内部平衡性分析。通过图 4 - 12 明显可以看出，成都平原经济区内部的八个城市间的创新驱动发展不平衡问题较为突出，且 2015 年成都平原经济区创新驱动发展不平衡指数数值为 0.04128，2021 年不平衡数值上升为 0.04475，上升了 8.41%。由此可知，成都平原经济区内部八个城市在创新驱动发展方面的发展差距呈现拉大的趋势，但不平衡程度拉大幅度较小。川南经济区内部城市在研究期内的创新驱动发展差距基本变化不大。攀西经济区和川西北生态经济区内部的发展不平衡程度有所缩小，其 2019 年的不平衡指数数值均小于 2015 年的数值。川东北经济区内部的发展不平衡程度有扩大趋势，

2021 年不平衡数值为 0.00793，比 2015 年增加了 0.0013 个单位。

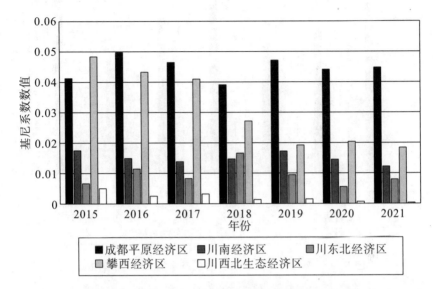

图 4 - 12　2015—2021 年四川省创新驱动发展不平衡指数

　　第三，生态绿色发展五大区域内部平衡性分析。通过图 4 - 13 明显可以看出，成都平原经济区内部的八个城市间的生态绿色发展不平衡问题最为突出，2015 年成都平原经济区生态绿色发展不平衡指数数值为 0.0281，约是川南经济区不平衡指数的 2 倍（0.01265），2021 年其不平衡数值上升为 0.02849。由此可知，成都平原经济区内部八个城市在生态绿色发展方面的发展差距一直存在且呈现拉大趋势。而攀西经济区的两个城市间的生态绿色发展不平衡指数差异较大，2021 年其数值上升至 0.02342，2015 其数值仅为 0.00309。而川南经济区、川东北经济区内部的发展不平衡程度均有所缩小，其 2021 年的不平衡指数数值均明显小于 2015 年的数值。自 2017 以后，川西北生态经济区内部两个城市间的生态绿色发展方面出现了发展差距问题。

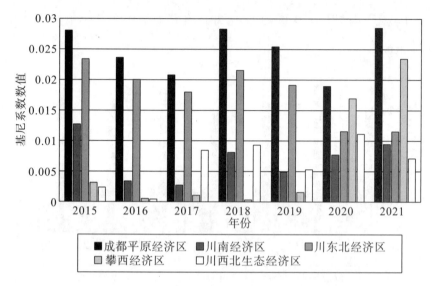

图 4 - 13   2015—2021 年四川省生态绿色发展不平衡指数

第四，对外开放发展五大区域内部平衡性分析。通过图 4 - 14 明显可以看出，成都平原经济区内部的八个城市间的对外开放发展不平衡问题较为突出，且 2015 年成都平原经济区生态绿色发展不平衡指数数值为 0.03713，2021 年不平衡数值下降为 0.02506，下降了 32.50%。成都平原经济区内部八个城市在生态绿色发展方面的发展差距呈逐年缩小趋势。川南经济区和川西北生态经济区在生态绿色发展方面的发展不平衡程度也出现了缩小趋势，但不平衡程度缩小幅度较小。相比 2015 年，2021 年其数值分别缩减了 0.01322 和 0.00917。而川东北经济区和攀西经济区的不平衡指数 2021 年仅比 2015 年分别增加了 0.00927 和 0.003，尤其是川东北经济区的生态绿色发展不平衡程度已经位居第二，故未来四川应该着重引导川东北经济区朝着均衡生态绿色方向发展。

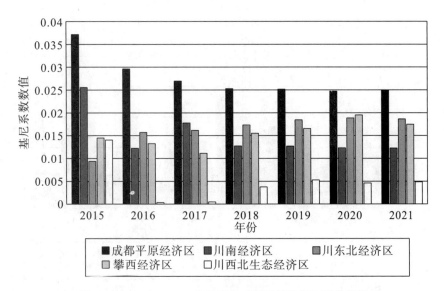

图4-14　2015—2021年四川省对外开放发展不平衡指数

第五，民生福祉发展五大区域内部平衡性分析。通过图4-15明显可以看出，川南经济区和攀西经济区在2015年年末，其民生福祉发展不平衡问题相对较为突出。而成都平原经济区内部的八个城市间的民生福祉发展不平衡程度仅排在第三位，这与前四个维度有所不同。2015年成都平原经济区民生福祉发展不平衡指数数值为0.01842，2021年不平衡数值上升为0.02467，提升了33.93%。由此可知，成都平原经济区内部八个城市在民生福祉发展方面的发展差距呈拉大趋势。川南经济区和川西北经济区在民生福祉发展方面的发展不平衡程度均呈现明显的下降趋势。川南经济区的不平衡指数2021年比2015年下降了71.60%；攀西经济区的不平衡指数2021年比2015年下降了68.23%。川西北生态经济区内部的发展不平衡程度由2015年的0.00117下降至2021年的0.0006。

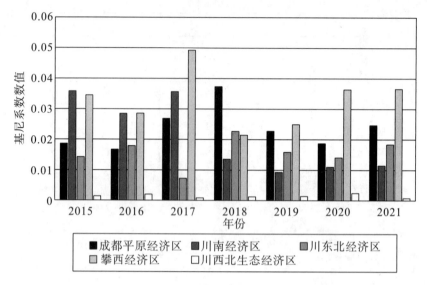

图 4 - 15　2015—2021 年四川省民生福祉发展不平衡指数

🔘 4.3　本章小结

本章的主要目的是测度四川省经济高质量发展在五大维度、五大经济区域上的综合发展水平、重要影响因素及其不平衡程度。综合对比发现，五大经济区发展存在较大差异，成都平原经济区发展一支独大，仅成都平原经济区的经济高质量发展综合水平超过了全省的平均数。

综合对比五大经济区域在五大维度发展不平衡程度结果发现：基于2021 年数据，除民生福祉发展方面，相比于其余四大经济区域，成都平原经济区内部的八个城市间的发展不平衡问题均较为突出，但不同维度的不平衡发展有所不同，仅在对外开放发展方面的发展不平衡程度有缩小趋势，在经济平稳、生态绿色和民生福祉发展方面的发展差距呈拉大趋势，不平衡程度增大趋势较弱，但在经济平稳发展方面的不平衡程度拉大趋势较为显著。

第 5 章

四川省经济充分和平衡发展
的成效及存在的问题

本书通过对四川省 2015—2019 年经济高质量发展的综合水平、五大维度的发展综合水平及其不平衡程度进行测度，根据对统计模型结果进行深入分析发现，四川省在经济高质量发展方面取得了较好的成效，同时也面临一些主要问题。接下来，本书将逐一展开分析。

▶ 5.1 四川省经济高质量发展取得的突出成效

5.1.1 "一干多支、五区协同"区域格局正在加速形成

早在 2018 年，四川省委、省政府就印发了《关于实施"一干多支"发展战略推动全省区域协同发展的指导意见》，提出要加快构建"一干多支、五区协同"区域发展新格局。基于经济增量指标（GDP）来看，相比于 2020 年的 GDP 总量，2021 年，成都平原经济区平均增长 10.84%；川南经济区和川东北经济区 GDP 分别增长 11.38% 和 9.26%；攀西经济区增长 10.23%；川西北生态经济区增长 9.28%。五大经济区的经济增长正处于齐头并进之势。

基于 2021 年经济高质量发展综合水平得分来看，如图 5 - 1 所示，2021 年四川省 21 个市（州）经济高质量发展水平得分为 71.4484，仅成都平原经济区的发展水平高出全省平均值，其余四大经济区发展水平数值均低于全省平均值。但是，发展水平相对落后的川西生态经济区的

综合水平数值也仅少于全省 4.4867 分，与成都平原经济区综合发展水平也仅相差 6.9906 分。基于经济高质量不平衡发展指数来看，2021 年全省不平衡指数（基尼系数）为 0.01808，随着四川省"一干多支、五区协同"战略的提出，2018 年全省不平衡指数（基尼系数）下降为 0.02026。由此可以得出，"五区协同"的格局正在加速形成。

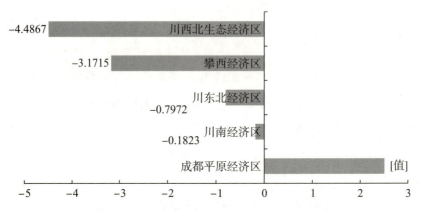

图 5 - 1　2021 年五大经济区经济高质量发展平均值与全省平均值的差距

同时，成都市这"一干"在成都平原经济区内部的"辐射"作用逐步凸显。成都平原经济区经济高质量发展水平整体较高，其 2021 年经济高质量发展水平数值为 73.9523，处于五大经济区之首。其中，成都市、绵阳市和德阳市稳居全省前三位。尤其是眉山市，按照经济高质量发展水平排序，2015 年排在第 18 位，在"一干多支、五区协同"战略的指导下，2021 年，位居全省第 14 位。

5.1.2　全省经济健康持续向好发展

（1）经济效益持续提升。

从经济总量与经济增速来看，2015—2021 年期间，四川省经济总量稳步提升，地区生产总值年平均增速达 9.36%，全省地区生产总值在 2015 年突破三万亿后，于 2018 突破四万亿大关（见图 5 - 2）。2020 年，尽管受到新冠疫情的影响，四川省全省依然实现了 4.61% 的增长，地区生产总值达 48501.64 亿元，直逼五万亿大关，显示了四川省经济强大的韧性与持续向好的发展态势。从经济增量三级指标数据来看，2015—2021 年，全省 21 个市（州）经济增量充分发展指数逐年递增，其数值由 2015 年的 73.23 增长至 2021 年的 77.45 分（见附表 2）。

图 5-2　2015—2021 年四川省地区生产总值趋势图

（2）经济结构不断优化。

从产业结构指标来看，2015—2021 年四川省 21 个市（州）产业结构这一指标充分发展平均得分均在 84.45 以上（见附表 2）。说明四川省的产业结构在不断优化升级中。从民营经济总量指标来看，人均民营经济增加值总体保持增长态势。以成都平原经济区部分城市为例，如图 5-3 所示：2019 年，成都市人均民营经济增加值为 53594 元（研究期间最大值），较 2018 年增长 16.22%，较 2015 年增长 39.20%。2021 年该数值为 47459 元，虽然低于 2019 年，但高于十三五开局之年数值；2021 年，德阳市人均民营经济增加值为 44004 元，较 2020 年增长 10.56%，较 2015 年增长 61.18%；2021 年，绵阳市人均民营经济增加值为 41184 元，较 2020 年增长 9.84%，较 2015 年增长 91.54%。

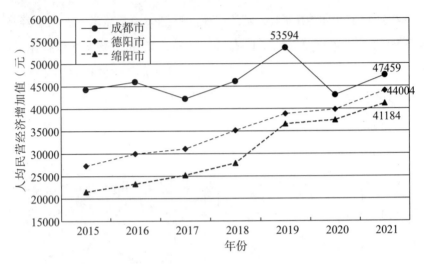

图 5-3 2015—2021 年成都、德阳、绵阳市的人均民营经济增加值

从就业结构指标来看，第一产业人员就业占比逐年下降。成都市发展水平尤为突出，成都市的第一产业就业人员占比较低，取值范围介于11%～14%之间。通常当工业发展处于后工业化阶段，其第一产业就业人员占比将低于10%以下。当该数值介于10%～30%之间时，说明工业化发展处于实现阶段的工业化后期（见附表3）。2019年，成都市第一产业人员就业占比为11.10%（研究期内最低），较2018年下降了0.4个百分点。然2020年和2021年第一产业就业人员占比有所提升，分别为14%和13.7%，但仍低于30%，且呈下降趋势（见图5-4）。由此可知，成都市就业结构相对完善，此时正处于工业化发展实现阶段的后期。

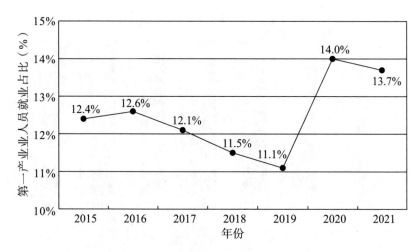

图 5-4　2015—2021 年成都市的第一产业人员占比

　　从空间结构指标来看，城镇化率稳步推进。以成都平原经济区、川南经济区、攀西经济区部分城市为例，如图 5-5 所示：2021 年，成都市城镇化率为 79.48%，较 2020 年上升 0.9 个百分点，较 2015 年上升 11.20 个百分点；2021 年，自贡市城镇化率为 56.2%，较 2020 年上升 1.44 个百分点，较 2015 年上升 17.37 个百分点；2021 年，攀枝花市城镇化率为 69.92%，较 2020 年上升 0.5 个百分点，较 2015 年上升 8 个百分点。

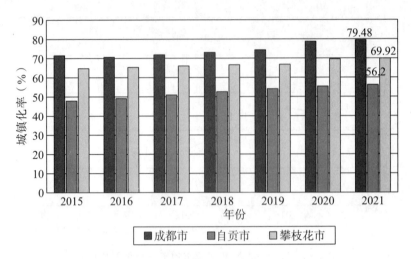

图 5 - 5　2015—2021 年成都、自贡、攀枝花市的城镇化率

（3）经济风险可防可控。

从资产负债率指标来看，规模以上企业资产负债率总体上保持稳定，且总体呈下降趋势。以南充市（全省排在第二位）为例，2021 年，南充市规模以上企业资产负债率为 51.27%，2020 年为 51.13%，该数值均低于 2015 年。从泸州市的登记失业率（全省第一位）来看，登记失业率总体上保持稳定，并呈下降趋势。2021 年，泸州市登记失业率为 2.60%，比 2020 年下降 0.1431 个百分点；2015 年泸州市登记失业率为 3.53%，2021 年其数值比 2017 年下降 0.9349 个百分点（见图 5 -6）。

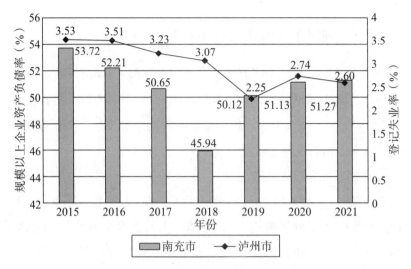

图 5 - 6　2015—2021 年资产负债率和失业率

（4）基础交通网络建设稳步推进。

高速运营持续改善，等级公路里程数快速增长。以成都市和甘孜州为例，2021 年，成都市等级公路里程为 29532 公里（全省第三位），较 2015 年增长 28.56%；2021 年甘孜藏族自治州等级公路里程为 32989 公里（全省第一位），较 2015 年增长 3.48%（见图 5 -7）。

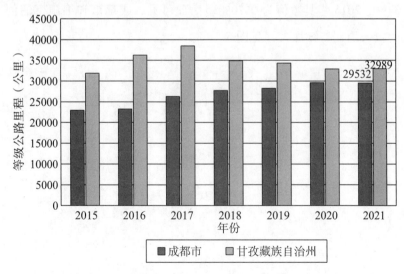

图 5 - 7　2015—2021 年成都市和甘孜州的等级公路里程数

5.1.3 创新驱动引领作用不断加强

（1）创新驱动对于四川省经济高质量发展的贡献度较高。

2015—2021 年期间，该数值取值范围均在 35% 以上（见表 4 - 7），2021 年为 37.87%（见图 4 - 1）。随着经济的蓬勃发展，新的发展动能和驱动点为四川省经济高质量发展注入了强劲动力。

（2）创新人力投入持续加大。

研究期内，R&D 人员折合全时当量和 R&D 人员数占总就业人口比重这两项指标数值持续增长。基于 R&D 人员折合全时当量指标来看，成都市（全省第一位）和绵阳市（全省第二位）发展较为充分。2015 年成都市 R&D 人员折合全时当量为 62202 人年，2021 年上升至 105327 人年，较 2015 年增长 69.33%；2015 年绵阳市 R&D 人员折合全时当量为 21228 人年，2021 年上升为 29358 人年，较 2015 年增长 38.30%；基于 R&D 人员数占总就业人口比重指标来看，成都市和绵阳市依然发展较为充分，2021 年成都市 R&D 人员数占总就业人口比重为 1.40%，2015 年为 0.75%；2021 年绵阳市 R&D 人员数占总就业人口比重为 1.34%，2015 年其数值为 0.70%。由此可见，成都市和绵阳市的创新人力投入均在持续加大（见图 5 - 8）。

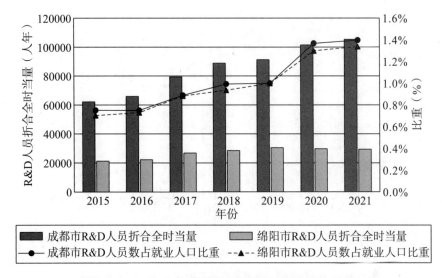

图 5 - 8　2015—2021 年成都市和绵阳市的创新人力投入

（3）创新产出稳步增长。

从高新技术企业产出指标来看，2021 年，四川省高新技术产业（规模以上工业）的主营业务收入为 182980123.1 万元，相比 2020 年增长了 26.64%。特别是绵阳市（排在全省第二位）的高新技术企业产出逐年提升，2021 年绵阳市高新技术产业营业务收入为 23265272.3 万元①，2015 年其高新技术产业营业务收入为 11490487.5 万元，2021 年收入值较 2015 年翻了一倍多。绵阳市的高新技术产业营业务收入占 GDP 的比重近几年持续较高。2015—2020 年间，均保持在 51.79% 以上（2018年）。2016 年该比重为 66.22%（研究期内最大值），2020 年为 61.6%，2021 年下降至 32.53%，但 2021 年高新技术产业营业务收入整体规模仍然保持增长趋势（见图 5 - 9）。

----

　　①　注意：营业收入数据在 2018 年及以前为主营业务收入，2017 年起数据口径做了调整。

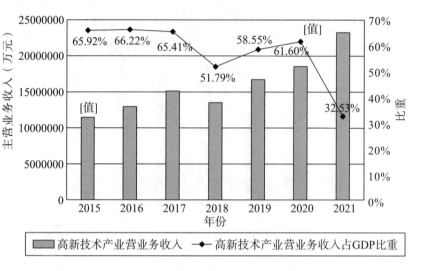

图 5-9 2015—2021 年绵阳市的高新技术企业主营业务收入

5.1.4 环境治理不平衡问题有所改善

（1）空气质量逐年改善。

基于空气质量指标来看，除阿坝藏族羌族自治州外，其余 20 个市（州）的空气质量均得到了显著改善，环境空气质量综合指数呈逐年下降趋势，川西北生态经济区的定位为生态功能区，空气质量在全省遥遥领先。2021 年，阿坝藏族羌族自治州环境空气质量综合指数为 2.27，2020 年为 1.90，2015 年该指标为 2.07，故与 2015 年或 2020 年相比，2021 年阿坝藏族羌族自治州环境空气质量综合指数呈上升趋势，空气质量未得到进一步改善。但研究期内，阿坝藏族羌族自治州的环境空气质量综合指数均超过 3，仍处于全省第二位（2021 年）。2021 年，甘孜藏族自治州环境空气质量综合指数为 1.85，2020 年为 1.94，2015 年该指标为 2.59，同样显示环境空气质量综合指数在逐年下降，空气质量在逐年改善。此外，从表 5-1 数据可知，无论与 2015 年还是 2020 年相比，2021 年全省的空气质量均上了一个新的台阶，20 个市（州）的环境空气质量综合指数均明显呈下降趋势，空气质量得到了极大的提升。

表 5 - 1　2021 年相比于 2015 及 2020 年空气质量增量

年份	成都	自贡	攀枝花	泸州	德阳	绵阳	广元	遂宁	内江	乐山	南充
2021	4.18	4.01	4.06	4.09	3.78	3.71	2.91	3.21	3.63	3.50	3.70
2020	4.40	4.05	4.20	3.88	3.97	3.68	3.24	3.22	3.46	3.83	3.78
2015	6.30	5.62	4.47	5.28	4.89	4.48	3.73	4.66	5.13	5.03	4.89
增量 2021—2020	-0.22	-0.04	-0.14	0.22	-0.19	0.03	-0.33	-0.01	0.17	-0.33	-0.08
增量 2021—2015	-2.12	-1.61	-0.41	-1.19	-1.11	-0.77	-0.82	-1.45	-1.50	-1.53	-1.19

年份	眉山	宜宾	广安	达州	雅安	巴中	资阳	阿坝	甘孜	凉山
2021	3.87	4.08	3.62	3.83	2.93	3.03	3.28	2.27	1.85	2.29
2020	4.05	4.15	3.43	4.59	3.01	3.15	3.53	1.90	1.94	2.72
2015	5.51	5.01	4.73	5.45	3.68	3.83	4.66	2.07	2.59	3.64
增量 2021—2020	-0.18	-0.07	0.19	-0.76	-0.08	-0.12	-0.25	0.37	-0.09	-0.43
增量 2021—2015	-1.64	-0.93	-1.11	-1.62	-0.75	-0.80	-1.38	0.20	-0.74	-1.35

（2）土壤质量稳步提升。

基于土壤质量指标来看，同样以川西北生态经济区为例，阿坝州（排在全省第二位）和甘孜州（排在全省第一位）的单位耕地面积化肥施用量逐年降低（见图5-10），具体表现在，2016—2020年间，阿坝藏族羌族自治州单位耕地面积化肥施用量呈逐年递减趋势，其数值由2016年的154.95吨/千公顷下降至2020年的126.05吨/千公顷。甘孜藏族自治州单位耕地面积化肥施用量表现出同样的发展趋势，十三五期间，甘孜藏族自治州单位耕地面积化肥施用量由2017年的35.67吨/千公顷下降至2020年的28.38吨/千公顷，2019年较2018年下降5.84%。此外，基于全省21个市州单位耕地面积化肥施用量的平均值来看，2017年其均值为463.31吨/千公顷，2020年其均值下降至331.99吨/千公顷。尤此可见，在十三五期间，四川省的土壤质量得到了显著改善。但在2021年，四川省21个市（州）的位耕地面积化肥施用量的平均值上升为431.20吨/千公顷，甘孜州和阿坝州的耕地面积化肥施用量也呈上升趋势。虽然在土壤质量方面取得了显著性成效，但未来应该继续将强耕地土壤质量监督和管理。

图5-10 2015—2021年川西北生态经济区土壤质量

（3）区域生态绿色发展不平衡程度有所改善。

基于生态绿色综合发展不平衡指数数值来看，四川省 21 个市（州）之间的生态绿色综合发展不平衡程度有所下降。基于基尼系数数据分析可知，2021 年四川省整体生态绿色综合发展水平不平衡指数为 0.02513，2015 年为 0.04053，2016 年为 0.02911。因此，基于时间维度，有理由认为全省生态绿色综合发展水平差距有缩小趋势。同时，五大经济区域间的不平衡程度也在逐渐缩小，基于区域间不平衡占比数据可知，其数值由 2015 年的 75.96% 下降至 2021 年的 45.9%（见图 5 - 11）。

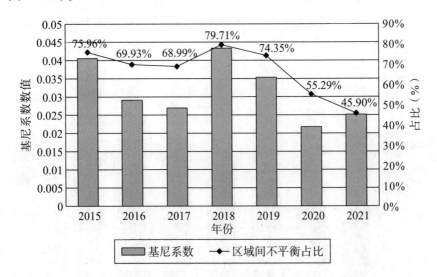

图 5 - 11　2015—2021 年四川省不平衡指数及区域间不平衡占比

5.1.5　对外开放程度逐渐提高

（1）成都市对外经济贸易发展水平持续向好。

从图 5 - 12 中可以看出，四川省整体的对外经济贸易发展水平呈现上升趋势。由 2015 年的 3190 亿元上升至 2021 年的 9514 亿元。而成都市作为四川省的省会，其对外经济贸易发展水平亦呈逐年上升趋势，此外，成都市的进出口总额占全省的进口总额的比重较高，2015 年其占比仅为 76.84%，而 2021 年该占比已经上升至 86.42%。由此可见，以成都市的对外开放状况极大程度上反映了四川省的对外开放状况。基于成都市 2015—2021 年进出口总额与 GDP 比值的数据来看，成都市的经济发展与国际经济联系紧密。成都市的对外开放依存度在逐年上升，从 2016 年的 22.99% 上升到 2021 年的 41.28%。从数据增长的趋势来看，2016 年到 2020 年成都市进出口占 GDP 的比值在以平均每年 4.38 个百分点的速度迅速提升，2020 年到 2021 年增长速度放缓，但依然增长了 0.9 个百分点。由此可见，研究期内四川省释放了对外开放潜力。成都市可以有效把握"成都 2023 年 FISU 世界大学生运动会"契机，国家"一带一路"、自贸区建设等多重历史机遇，努力推动对外贸易高质量发展。

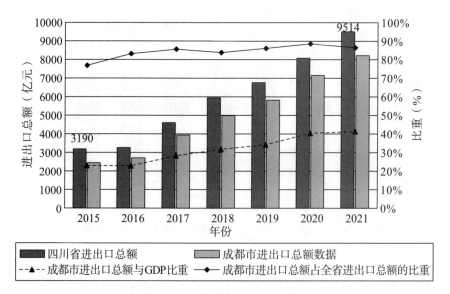

图 5-12　2015—2021 年成都市的对外贸易依存度

（2）四川省国内贸易发展水平稳步提升。

首先，基于省外零售依赖度指数来看，限额以上批发零售法人企业商品购进总额逐年上升。以成都市（全省排第一位）为例，2021 年，成都市限额以上批发零售法人企业商品购进总额为 14510.78 亿元，

2020 年较 2021 年增长 29.29%，2021 年增速较快。此外，四川省社会消费品零售总额亦呈逐年增加的趋势，成都市社会消费品零售总额的在全省排在第一位，2021 年成都市的社会消费品零售总额占全省社会消费品零售总额的 38.84%。随着扩大内需战略的提出，成都市社会消费品零售总额（国内贸易）对于成都市经济发展的贡献程度较高，2015—2021 年期间，社会消费品零售总额占比重在 45.79% ～ 51.57% 之间波动（见图 5 - 13）。

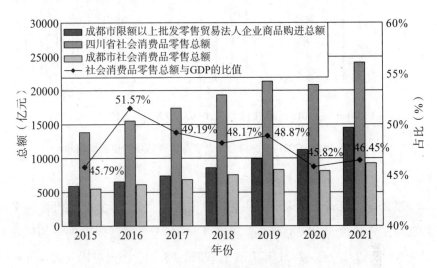

图 5 - 13　2015—2021 年成都市的对外贸易依存度和省外零售依赖度

5.1.6　民生福祉发展水平显著提升

（1）居民健康水平逐年提升。

本书使用人口死亡率来表示健康水平，人口死亡率越低，表示居民健康水平越高。从平均层面来看，2015 年全省 21 个市（州）人口死亡率平均值为 6.28‰，2021 年其数值下降至 5.95‰。2015 年阿坝藏族羌族自治州人口死亡率为 4.47‰（全省第二位），2021 年为 3.66‰（全省第二位）；2015 年成都市人口死亡率为 6.08‰（全省第九位），2021 年下降至 5.42‰（全省第三位）。2015 年遂宁市人口死亡率为 5.42‰

（全省第四位），2021年其数值下降至3.66‰（全省第一位）。由此可知，四川省人口死亡率总体呈逐年缓慢下降趋势（见图5-14）。

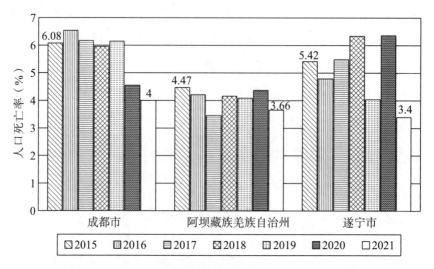

图5-14 2015—2021年成都市、遂宁市和阿坝州的居民健康水平

（2）就业工资水平持续提升。

基于就业工资指标来看，从平均值来看，全省21个市（州）的平均就业工资呈逐年上涨的趋势。2015年全省21个市（州）的平均就业工资为47588.13元，2021年上涨至77533.78元。横向对比五大经济区可以发现，川西北生态经济区的就业工资处于第一名（见图5-15）。通过测算阿坝藏族羌族自治州和甘孜藏族自治州与全省平均就业工资之间的差值可知，川西北生态经济区两个州的就业工资均显著大于全省平均就业工资，且2015—2021年间呈上升趋势。2021年，阿坝藏族羌族自治州的就业工资达108179.78元，2021年，甘孜藏族自治州就业工资达103133.68元，高出全省平均就业工资25599.9元。由此可见，就业工资水平持续增长且就业人员平均工资逐年上升。

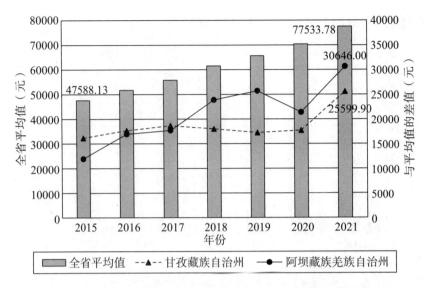

图 5 - 15　2015—2021 年全省平均值及川西北生态经济区就业工资

（3）全省社会保障能力整体较高且发展较为充分。

最低生活保障情况、基本养老保险和基本医疗保险这三个指标是衡量社会保障重要的代理变量。根据附表 2 的结果可知，2015—2021 年全省 21 个市（州）这三个指标的充分指数得分均在 80 以上（除 2021 年的乐山市和雅安市外）。2021 年 21 个市（州）在这三个指标充分得分的平均值分别为 88.64、91.34 和 86.23 分。2015 年，最低生活保障情况指标和基本医疗保险这两项指标的得分分别为 87.38 和 87.76。由此可见，四川省社会保障能力整体水平较高且发展较为充分。以城镇职工基本医疗保险征缴率指标为例（见图 5 - 16），可以看出 2021 年城镇职工基本医疗保险征缴率没有低于 96% 的城市，城镇职工基本医疗保险征缴率介于 96% ~98% 之间的城市有五个，城镇职工基本医疗保险征缴率大于 98% 的城市有 16 个；2015 年，城镇职工基本医疗保险征缴率小于 96% 的城市为三个，城镇职工基本医疗保险征缴率介于 96% ~98% 之间的城市有两个，城镇职工基本医疗保险征缴率大于 98% 的城市有 16 个，显示城镇职工基本医疗保险覆盖面逐年扩展。尤其是在 2018 年达到了研究期内的最高水平，21 个市（州）的城镇职工基本医疗保险征缴率均大于96%（见图5-16）。

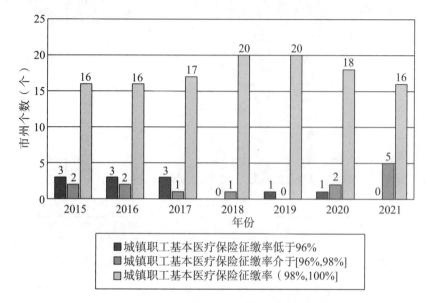

图5-16 2015—2021年不同城镇职工基本医疗保险征缴率占比城市个数

5.2 四川省经济高质量发展面临的主要问题

5.2.1 区域发展不平衡问题依然较大，成都平原经济区尤为显著

（1）城市间发展不平衡问题突出。

四川省21个市（州）经济高质量发展不平衡问题依然突出，且尚未得到有效改善。2015年不平衡指数数值为0.02616，2021年数值为0.01808，不平衡程度下降了30.88%。即四川省21个市（州）经济高质量发展不平衡问题依然存在，但是发展不平衡程度得到了显著改善。进一步对不平衡指数进行分解发现，区域内部发展的不平衡问题较为突出，2021年区域内部不平衡指数占比（70.91%）超过了70%，是导致四川省整体经济高质量发展不平衡更为重要的原因。

（2）五大经济区域间发展不平衡问题突出。

成都平原经济区的整体经济高质量发展水平处于五大经济区域发展之首。2015—2021 年，成都平原经济区的经济高质量发展水平数值均超过全省平均数。且根据表 5 - 2 的测算结果可知，2021 年仅成都平原经济区的平均综合发展水平超过了全省的平均发展水平（71.4484），其余四大经济区，即川南经济区、川东北经济区、攀西经济区和川西北生态经济区的平均综合发展水平均低于全省平均水平。

表 5 - 2 2021 年四川省经济高质量发展综合水平及不平衡指数

五大经济区	综合发展水平		不平衡指数		平衡程度
	S2021	排名	2021	2015	
成都平原经济区	73.9523	1	0.02501	0.02970	不平衡问题较为突出且得到改善
川南经济区	71.2661	2	0.00654	0.01094	发展较为平衡且平衡程度有所提升
川东北经济区	70.6512	3	0.00752	0.00396	发展较为平衡但未得到改善
攀西经济区	68.2768	4	0.00119	0.01476	发展相对平衡且平衡程度有所提升
川西北生态经济区	66.9617	5	0.00266	0.00069	发展非常平衡但未得到改善
全省	71.4484	-	0.01808	0.02616	整体发展存在不平衡且得到改善

（3）成都平原经济区内部城市发展不平衡问题突出，成都市经济高质量发展一支独大。

2021 年成都市的经济高质量综合发展水平为 92.0587，绵阳市（排在第二位）的经济高质量综合发展水平为 80.2468，其余 19 个市（州）的综合发展水平数值均未超过 74，剔除成都市后的 20 个市（州）的平均值仅为 70.4179，由此可见，成都市的经济高质量发展水平较为突出。同时，从基尼系数这一不平衡指数数值（0.02501）来看，远远高于其余四大经济区的不平衡指数数值。不平衡指数数值越大，说明该经济区内部城市间的发展越不平衡。因此，本书发现成都平原经济区内部城市发展不平衡问题较为突出，尤其要重点关注眉山市、资阳市和雅安市的经济高质量的综合发展，充分发挥成都市的辐射作用。

（4）城乡间发展不平衡问题依然突出。

此外，以全省21个市（州）为研究对象，通过图5-17可以看出，能够代表城乡差异的指标，即四川省内部21个市（州）的城乡收入差距和消费差距的平均值均呈明显上升趋势，而城乡居住面积差距的平均值在2015—2019年间呈明显上升趋势，2020年及2021年，该差距数值虽然呈下降趋势，但2021年的城乡居住面积差距的平均值（8.04平方米）仍高于2015年的数值（7.55）。由此可知，四川省整体区域内的城乡间的发展不平衡问题也较为突出。

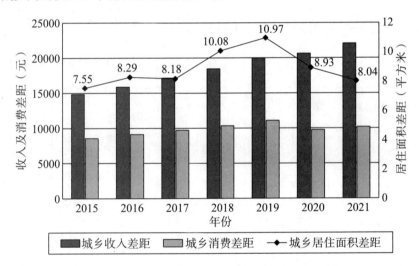

图5-17 2015—2021年全省城乡收入差距、消费差距和居住面积差距均值

5.2.2　经济健康指标发展不够充分，区域内部发展不平衡有待改善

（1）能源产出率有待进一步降低。

2015 年，全省的能源产出效率平均值为 84.86，2016—2020 年能源产出效率平均值为 76.24，2021 年下降至 71.94。由此可以看出，相比于十二五收官之年，十三五期间，四川省的能源产出效率水平有待进一步提升。尤其是成都市，其能源产出效率较低。2021 年以广元市为参照对象，成都市的能源产出效率得分仅为 60.2822，即成都市的单位地区生产总值能耗量并没有得到有效的控制。通过横向对比五大经济区的能源产出率数值来看，2021 年成都平原经济区的数值为 68.54，低于全省平均值 3.39 分。川东北低于全省平均值 2.64 分，而川南经济区、攀西经济区和川西北生态经济区高于全省平均水平，川南经济区的数值高出全省 0.095 分，攀西经济区的数值高出全省 8.88 分，川西北生态经济区高出于全省 13.28 分。可见，攀西经济区和川西北生态经济区整体能源产出率水平较高。

（2）通货膨胀率有待进一步控制。

2015 年全省的通货膨胀率平均值为 85.05 分，2016—2020 年通货膨胀率平均值为 79.09 分，2021 年下降至 71.41 分。由此可以看出，相比于十二五收官之年，十三五期间，四川省的通货膨胀率有待加强控制。2021 年，以成都市为参照对象，川东北经济区、攀西经济区和川西北生态经济区通货膨胀率控制较好，其数值分别高出全省平均水平 1.64 分、8.25 分和 1.60 分。而成都平均经济区低于全省平均水平 2.032 分，川南经济区低于全省平均水平 1.04 分。其中，成都市平原经济区在 2015 年，其通货膨胀率平均值为 90.38，得到了较为充分的发展，但在十三五期间，成都市平原经济区的通货膨胀率平均值逐年下降，2021 年下降至 69.37 分。尤其是成都市、德阳市、绵阳市、资阳市、乐山市和眉山市，这六个城市的通货膨胀率发展极其不充分，均未

超过 70 分。

（3）基础交通设施有待进一步改善，城市交通发展不充分。

2021 年，四川省五个区域的构成交通网络发展综合指标的三个三级指标的充分指数平均值均超过 80。具体来看，2021 年全省五大经济区的运输线路指标平均充分指数数值介于 74.63 ~ 88.15 之间，高速运营指标的平均充分指数数值介于 74.91 ~ 87.98 之间，城市交通指标的平均充分指数数值介于 60.77 ~ 68.09 之间。按照充分程度进行排序，运输线路充分度 > 高速运营充分度 > 城市交通充分度。虽然相对于 2015 年，三项指标的发展得到了一定的改善，但改善的幅度并不大。尤其是城市交通发展方面，2021 年以成都市为参照对象，其在城市交通方面得到了充分的发展，但是其余 20 个市（州）在城市交通发展的得分均未超过 67。

（4）区域内部经济健康发展不平衡问题突出。

尤其要提升川西北生态经济区在经济健康发展的充分性。通过第 4 章的分析可知，区域内部发展的不平衡是四川省经济健康持续发展不平衡的主要原因。2021 年，全省区域内部不平衡占比为 73.48%，尤其是成都平原经济区内部的八个城市间的经济健康发展不平衡问题较为突出。2021 年全省经济健康发展不平衡指数（基尼系数）数值为 0.03015，因此，以此数值为参照对象，通过表 5 - 3 可以发现：成都平原经济区除在经济增量这一个指标的不平衡指数未超过 0.03015 以外，其余经济健康发展对应的三级指标的不平衡指数均超过了 0.03015。由此再次证明了成都平原经济区内部城市间的经济健康发展明显不平衡这一结论。人均 GDP 不平衡指数为 0.0875，民营经济总量不平衡指数为 0.0668，通货膨胀率不平衡指数为 0.0326，资产负债率不平衡指数为 0.0316，失业率不平衡指数为 0.0773。交通网络对应三个指标的不平衡指数均超过了 0.1。川西北生态经济区在民营经济总量、就业结构、空间结构、资产负债率和城市交通方面发展均不够充分。除就业结构外，其余指标 2021 年的充分发展指数均未超过 69，且远低于全省平均水平。

表 5 - 3　2021 年四川省经济健康发展三级指标不平衡指数测算结果

三级指标	五大经济区	不平衡指数	三级指标	五大经济区	不平衡指数
AA1	成都平原经济区	0.0875	AC1	成都平原经济区	0.0326
	川南经济区	0.0289		川南经济区	0.0375
	川东北经济区	0.0264		川东北经济区	0.0407
	攀西经济区	0.0281		攀西经济区	0.0007
	川西北生态经济区	0.0253		川西北生态经济区	0.0201
AA2	成都平原经济区	0.0257	AC2	成都平原经济区	0.0316
	川南经济区	0.0185		川南经济区	0.0350
	川东北经济区	0.0629		川东北经济区	0.0108
	攀西经济区	0.0053		攀西经济区	0.0080
	川西北生态经济区	0.0019		川西北生态经济区	0.0261
AA3	成都平原经济区	0.0344	AC3	成都平原经济区	0.0773
	川南经济区	0.0404		川南经济区	0.1053
	川东北经济区	0.0298		川东北经济区	0.0354
	攀西经济区	0.0177		攀西经济区	0.0638
	川西北生态经济区	0.0876		川西北生态经济区	0.0150
AB1	成都平原经济区	0.0668	AD1	成都平原经济区	0.1042
	川南经济区	0.0317		川南经济区	0.0659
	川东北经济区	0.0337		川东北经济区	0.0492
	攀西经济区	0.0335		攀西经济区	0.1002
	川西北生态经济区	0.0341		川西北生态经济区	0.0788
AB2	成都平原经济区	0.0755	AD2	成都平原经济区	0.1066
	川南经济区	0.0575		川南经济区	0.0630
	川东北经济区	0.0313		川东北经济区	0.0529
	攀西经济区	0.0835		攀西经济区	0.0983
	川西北生态经济区	0.0030		川西北生态经济区	0.0784

三级指标	五大经济区	不平衡指数	三级指标	五大经济区	不平衡指数
AB3	成都平原经济区	0.0637	AD3	成都平原经济区	0.1592
	川南经济区	0.0223		川南经济区	0.0052
	川东北经济区	0.0151		川东北经济区	0.0127
	攀西经济区	0.0141		攀西经济区	0.0006
	川西北生态经济区	0.0417		川西北生态经济区	0.0003
AB4	成都平原经济区	0.0926			
	川南经济区	0.0092			
	川东北经济区	0.0161			
	攀西经济区	0.0233			
	川西北生态经济区	0.0287			

注：上表中粗体数值表示不平衡指数数值超过0.03015，即经济区域内部城市发展不平衡。

5.2.3 创新投入和产出发展不够充分，资源过度集中在成都平原经济区

（1）全省创新投入水平不够充分，数字经济发展空间较大。

通过创新驱动中投入指标对应的三级指标数据可知，2015—2021年资金投入、人力投入和政府资金这三个投入指标充分得分均未超过80。通过创新驱动中投入指标对应的三级指标数据可知，产出效率和数字经济指标的充分发展程度也均未超过80。尤其是数字经济，对于推动四川省经济高质量发展的驱动力发展空间较大，有待进一步提升。2015年全省21个市（州）的数字经济发展水平充分性得分为76.50，2021年该数值下降至76.08。随着数字中国、宽带中国的政策实施，数字化发展已然成为经济发展另一新的引擎。因此，四川省更应该抓住数值经济的发展，以此带动全省的高质量发展。

（2）创新驱动资源集中在成都平原经济区。

从成都平原经济区整体的创新驱动发展的综合得分来看，2015—2021年成都平原经济区创新驱动发展的综合得分的平均值均在87以上，远超全省平均水平。通过横向对比2021年五大经济区的创新驱动发展充分程度来看，除产出效率外，其余创新驱动发展包含的五个指标中，成都平原经济区的充分发展水平均超全省平均水平。然成都平原经济区的产出效率发展充分程度较低（69.13），位于五大发展经济区末位，其该数值低于2015年的充分发展水平（71.92）。因此，成都市未来在创新产出方面应努力提升其产出效率。从三级指标不平衡指数来看，如表5-4所示：成都平原经济区八个城市在资金投入、人力投入和政府资金这三个发展指标上的不平衡均超过了0.0726。由此可见，成都平原经济区在创新投入上的不平衡问题较为严重。

从创新产出视角来看，成都平原经济区结构优化和数字经济不平衡指数也超过了0.1。追究其根源，从充分指数来看，2021年成都市在结构优化和数字经济上的发展水平为100分，以成都市为参照对象可以发现，成都平原经济区其余七个城市的充分发展水平均未超过85分。尤其是雅安市，其结构优化和数字经济的充分发展水平均低于70分。

表5-4　2021年四川省创新驱动发展三级指标不平衡指数测算结果

三级指标	五大经济区	不平衡指数	三级指标	五大经济区	不平衡指数
BA1	成都平原经济区	0.0726	BB1	成都平原经济区	0.0367
	川南经济区	0.0094		川南经济区	0.0200
	川东北经济区	0.0104		川东北经济区	0.0491
	攀西经济区	0.0076		攀西经济区	0.0307
	川西北生态经济区	0.0034		川西北生态经济区	0.0493

三级指标	五大经济区	不平衡指数	三级指标	五大经济区	不平衡指数
BA2	成都平原经济区	**0.1063**	BB2	成都平原经济区	**0.1038**
	川南经济区	0.0166		川南经济区	0.0243
	川东北经济区	0.0200		川东北经济区	0.0191
	攀西经济区	0.0151		攀西经济区	0.0199
	川西北生态经济区	0.0046		川西北生态经济区	0.0196
BA3	成都平原经济区	**0.1513**	BB3	成都平原经济区	**0.1008**
	川南经济区	0.0214		川南经济区	0.0182
	川东北经济区	0.0031		川东北经济区	0.0872
	攀西经济区	0.0008		攀西经济区	0.0140
	川西北生态经济区	0.0017		川西北生态经济区	0.0134

注：上表中粗体数值表示不平衡指数数值最大值，即经济区域内部城市发展不平衡。

5.2.4 生态绿色指标发展不够充分，成都平原经济区不平衡问题突出

（1）全省空气质量有待进一步提升，以成都平原经济区为重点。

基于全省平均角度来看，2015—2020 年期间，虽然空气质量发展充分程度不低于 70 分，但是 2021 年全省环境空气质量充分发展得分平均值仅有 73.04 分，且低于 2015 年的数值（76.49）。综合对于五个经济区发展情况来看，攀西经济区和川西北生态经济区的空气质量水平较好，尤其是川西北生态经济区（92.62 分），其环境空气质量充分发展指数数值超过全省平均值19.58。相比之下，成都平原经济区和川南经济区的空气质量发展就没有那么充分，分别低于全省 2.35 分和 9.13 分。其中，成都市的环境空气质量综合指数得分仅为 70.69，有待进一步加强。

（2）生活垃圾、环保设施和森林绿化发展不够充分，且平均发展水平逐年下降。

基于全省平均角度来看，2015—2021 年期间，生活垃圾清运量指标充分发展指数呈逐年下降趋势，且整体发展较不充分。具体来看，2015—2021 年充分发展指数数值均未超过 68，2015 年，生活垃圾清运量充分发展指数的平均值为 64.76，2021 年该数值下降至 63.76。基于 2021 年数据来看，除成都平原经济区的生活垃圾清运量充分发展指数（67.05）超过了全省平均值 3.29 分，其余四大经济区充分发展指数均低于全省平均水平。

2015—2021 年市容环卫专用车辆设备总数充分发展指数数值均未超过 69 分。2015 年，市容环卫专用车辆设备总数充分发展指数的平均值为 65.29，2021 年该数值下降至 63.15。基于 2021 年数据来看，除成都平原经济区的生活垃圾清运量充分发展指数（66.32）超过了全省平均值 3.17 分，其余四大经济区充分发展指数均低于全省平均水平。

2015—2021 年城市绿化覆盖面积充分发展指数数值均未超过 70，2015 年，城市绿化覆盖面积充分发展指数的平均值为 66.02，2016 下降至 65.19，虽然 2016—2021 年间，该指标呈上升趋势，但是 2021 年该数值仅提升至 65.42，仍然低于 2015 年数值。基于 2021 年数据来看，除成都平原经济区的城市绿化覆盖面积充分发展指数（68.80）超过了全省平均值 3.38 分，其余四大经济区充分发展指数均低于全省平均水平。

（3）攀西经济区和川西北生态经济区在绿色集约方面发展不够充分。

从构成绿色集约的三级指标来看，攀西经济区和川西北生态经济区在国土空间优化、环保设施和森林绿化这三项指标上的发展均不够充分，基于 2021 年数据来看，攀西经济区在三项指标上的平均充分发展指数数值均低于全省平均水平，分别低 14.13 分、2.37 分和 3.37 分。川西北生态经济区绿色集约的四项指标上的平均充分发展指数数值均低于全省平均水平，分别低 17.44 分、2.74 分、12.29 分和 4.53 分。因此，攀西经济区应该进一步加强国土空间优化，即控制耕地面积占辖区面积的比重，保护耕地面积的保有量。川西北生态经济区不仅要保护耕地面积的保有量，同时也要加强避免水资源的浪费。

（4）成都平原经济区在生态绿色多项指标上面的发展不平衡问题均较为突出。

前文已知，成都平原经济区在生态绿色综合发展不平衡指数呈增长趋势，其数值由 2015 年的 0.0281 上升至 2021 年的 0.0285。由表 5－5 可知，基于环境治理包含的三级指标来看，土壤质量和生活垃圾这两项指标的不平衡指数分别为 0.0394 和 0.1653，以上不平衡指数数值均为五大经济区之最，尤其是生活垃圾的不平衡指数数值较高。从绿色集约包含的三级指标来看，国土空间优化、环保设施和森林绿化这三项指标的不平衡指数分别为 0.0485、0.1704 和 0.1548，以上不平衡指数数值亦均为五大经济区之最，尤其是环保设施和森林绿化的不平衡指数数值较高，均超过了 0.15。

表 5－5　2021 年四川省生态绿色发展三级指标不平衡指数测算结果

三级指标	五大经济区	不平衡指数	三级指标	五大经济区	不平衡指数
CA1	成都平原经济区	0.0334	CB1	成都平原经济区	0.0485
	川南经济区	0.0208		川南经济区	0.0340
	川东北经济区	0.0364		川东北经济区	0.0492
	攀西经济区	0.0899		攀西经济区	0.0068
	川西北生态经济区	0.0209		川西北生态经济区	0.0007
CA2	成都平原经济区	0.0394	CB2	成都平原经济区	0.1704
	川南经济区	0.0252		川南经济区	0.0066
	川东北经济区	0.0058		川东北经济区	0.0032
	攀西经济区	0.0168		攀西经济区	0.0002
	川西北生态经济区	0.0127		川西北生态经济区	0.0001

三级指标	五大经济区	不平衡指数	三级指标	五大经济区	不平衡指数
CA3	成都平原经济区	0.1653	CB3	成都平原经济区	0.0081
	川南经济区	0.0031		川南经济区	0.0144
	川东北经济区	0.0099		川东北经济区	0.0186
	攀西经济区	0.0029		攀西经济区	0.0228
	川西北生态经济区	0.0000		川西北生态经济区	0.1249
CA4	成都平原经济区	0.0074	CB4	成都平原经济区	0.1548
	川南经济区	0.0024		川南经济区	0.0076
	川东北经济区	0.0077		川东北经济区	0.0221
	攀西经济区	0.0931		攀西经济区	0.0008
	川西北生态经济区	0.0192		川西北生态经济区	0.0004
CA5	成都平原经济区	0.0466	全省	成都平原经济区	0.0285
	川南经济区	0.0600		川南经济区	0.0094
	川东北经济区	0.0401		川东北经济区	0.0115
	攀西经济区	0.0035		攀西经济区	0.0234
	川西北生态经济区	0.0344		川西北生态经济区	0.0071

5.2.5　对外开放发展不够充分，成都市对外开放发展一支独大

（1）对外开放综合发展水平不够充分。

2015—2021年期间，四川省21个市（州）构成对外开放发展综合指标的对外贸易依存度和省外零售依赖度这两项指标的充分发展指数均为67。由公式（3-1）中充分指数的含义可知，充分指数数值越大，说明发展越充分。因此，本书有理由认为全省对外开放发展水平不够充分。具体来看，2015—2021年全省21个市（州）对外贸易依存度指标的平均充分指数数值介于63~73之间，省外零售依赖度指标的平均充分指数数值介于63~67之间。唯独内贸依存度指标发展较为充分，其

数值介于 70 ~ 83 之间，然而其数值由 2015 年的 82.18 分下降至 2021 年的 77.91。按照充分程度进行排序，内贸依存度 > 对外贸易依存度充分度 > 省外零售依赖度充分度，且对外开放三个指标的平均充分发展水平呈逐年下降的趋势。

（2）成都市对外开放综合发展水平一支独大。

五大经济区的对外开放发展平均充分水平，仅成都平原经济区的对外贸易依存度和省外零售依赖度的充分水平数值高于全省平均值，其余四个经济区的充分水平数值均低于全省平均值。由此可见，在对外开放发展方面，资源集中在成都平原经济区。从成都平原经济区内部城市发展情况来看，成都市对外贸易发展水平一支独大，综合得分为 100 分（见表 4-5），以成都市为参考对象，其余 20 个市州的发展水平远远落后。

5.2.6 医疗和教育发展不够充分，区域内民生福祉发展不够平衡

（1）卫生机构数和卫生机构人员数指标发展不够充分，且平均发展水平逐年下降。

从全省平均角度来看，2015—2021 年期间，卫生机构人员指标充分发展指数呈现出逐年下降的趋势，且整体发展较不充分。具体来看，2015—2021 年该充分发展指数数值均未超过 69 分，2015 年，全省卫生机构人员充分发展指数的平均值为 65.52，2021 年该数值下降至 64.82。全省卫生机构数充分发展指数得分平均值呈逐年下降趋势，2015 年全省卫生机构数充分发展指数得分平均值为 74.39，然而 2021 年该数值下降至 69.61。尤其是，攀西经济区和川西北生态经济区研究期内数值均低于全省平均水平。

（2）普通高等教育毕业人数和义务教务在校学生人数指标发展不够充分，且平均发展水平逐年下降。

基于全省平均角度来看，2015—2021 年期间，普通高等教育毕业

人数指标发展较不充分。具体来看，2015—2021 年该充分发展指数数值均未超过 64，2015 年，普通高等教育毕业人数充分发展指数的平均值为 63.61，2021 年该数值下降至 63.40，虽然下降幅度不明显，但该指数整体发展水平有待进一步提升。仅从 2021 年数据来看，除成都平原经济区的普通高等教育毕业人数充分发展指数（67.11）超过了全省平均值（63.4）3.71，其余四大经济区充分发展指数均低于全省平均水平。从教育的另一视角来看，整体上看，2015—2021 年期间，义务教务在校学生人数指数充分发展指数数值均未超过 73，且全省充分发展指数平均值数值由 2015 年的 70.88 下降至 2021 年的 68.13。其中，成都平原经济区、川南经济区和川东北经济区在义务教务在校学生人数发展水平上低于全省平均分。因此，该三大经济区应该加大对义务教育的投入力度。无论是义务教育还是高等教育，成都市的发展均较为充分，以成都市为参照，可以发现其余 20 个市（州）在普通高等教育毕业人数和义务教务在校学生人数发展均不够充分，得分均未超过 73。因此，四川省未来应该加大对其余 20 个市（州）普通高等教育毕业人数和义务教务的发展力度。2021 年四川省民生福祉发展三级指标不平衡指数测算结果如表 5 - 6 所示。

表 5 - 6　2021 年四川省民生福祉发展三级指标不平衡指数测算结果

三级指标	五大经济区	不平衡指数	三级指标	五大经济区	不平衡指数
EA1	成都平原经济区	0.1086	EC1	成都平原经济区	0.0081
	川南经济区	0.0508		川南经济区	0.0118
	川东北经济区	0.0702		川东北经济区	0.0651
	攀西经济区	0.0340		攀西经济区	0.0339
	川西北生态经济区	0.0139		川西北生态经济区	0.0110

三级指标	五大经济区	不平衡指数	三级指标	五大经济区	不平衡指数
EA2	成都平原经济区	0.1444	EC2	成都平原经济区	0.0278
	川南经济区	0.0267		川南经济区	0.0214
	川东北经济区	0.0634		川东北经济区	0.0704
	攀西经济区	0.0492		攀西经济区	0.0157
	川西北生态经济区	0.0140		川西北生态经济区	0.0066
EA3	成都平原经济区	0.1619	EC3	成都平原经济区	0.0596
	川南经济区	0.0097		川南经济区	0.0983
	川东北经济区	0.0177		川东北经济区	0.0343
	攀西经济区	0.0161		攀西经济区	0.0677
	川西北生态经济区	0.0006		川西北生态经济区	0.0000
EB1	成都平原经济区	0.0353	ED1	成都平原经济区	0.1660
	川南经济区	0.0223		川南经济区	0.0037
	川东北经济区	0.0405		川东北经济区	0.0114
	攀西经济区	0.0986		攀西经济区	0.0002
	川西北生态经济区	0.0202		川西北生态经济区	0.0004
EB2	成都平原经济区	0.0277	ED2	成都平原经济区	0.1522
	川南经济区	0.0791		川南经济区	0.0284
	川东北经济区	0.0374		川东北经济区	0.0311
	攀西经济区	0.0221		攀西经济区	0.0698
	川西北生态经济区	0.0805		川西北生态经济区	0.0092
EB3	成都平原经济区	0.0834	ED3	成都平原经济区	0.0220
	川南经济区	0.0200		川南经济区	0.0205
	川东北经济区	0.0278		川东北经济区	0.0390
	攀西经济区	0.0014		攀西经济区	0.0544
	川西北生态经济区	0.0099		川西北生态经济区	0.0026

三级指标	五大经济区	不平衡指数	三级指标	五大经济区	不平衡指数
EB4	成都平原经济区	0.0356			
	川南经济区	0.0342			
	川东北经济区	0.0425			
	攀西经济区	0.0494			
	川西北生态经济区	0.0528			

（3）区域内部民生福祉发展的不平衡问题突出。

由图4－8明显可以看出，区域内部发展的不平衡是导致四川省民生福祉发展不平衡最为主要的原因。2015—2021年期间，区域内部发展的不平衡所占比重呈逐年下降的趋势，但2021年该比重（79%）仍然较大。具体来看，从民生福祉综合发展水平五大区域内部不平衡指数来看，攀西经济区（0.03663）民生福祉发展不平等问题较为突出，成都平原经济区的不平衡指数数值为0.02467，相比之下，川东北经济区（0.01829）和川南经济区（0.01134）发展较为平衡，其中，川西北生态经济区（0.0006）的发展最为平衡。

细化到三级指标数据来看（见表5－6），成都平原经济区内部发展不平衡问题较为突出，在医疗健康方面，成都平原经济区三个指标：健康状况方面（0.1086）、医疗机构（0.1444）、医疗人力（0.1619）的发展不平衡问题均较为突出。人民生活方面，攀西经济区在城乡收入差距（0.0986）方面、川南经济区（0.0791）和川西北生态经济区在城乡消费差距（0.0805）方面发展不平衡问题较为突出；成都平原经济区在就业人员平均工资上发展不平衡（0.0834）问题较为突出，反而在城乡居住面积差距发展较为平衡。在社会保障方面，仅川东北经济区和川南经济区在最低生活保障情况发展不平衡问题较为突出。在教育方面，成都平原经济区在高等教育（0.1660）和义务教育（0.1522）发展不平衡问题较为突出。

◗ 5.3 本章小结

　　本章根据第四章的实证分析结果重点分析了四川省在经济高质量发展三级指标上的充分性以及五大经济区在三级指标上发展的平衡性，据此深入剖析四川省在经济高质量发展上取得的显著成效及目前存在的主要问题。

| 第6章 |

促进四川省经济高质量
平衡发展的政策建议

随着四川省经济实力的不断攀升，"一干多支、五区协同"政策也在不断推进，但全省发展不平衡、不充分问题依然突出。本书针对如何解决四川省经济高质量发展不充分、不平衡这一问题，以及如何进一步满足四川省人民美好生活硬需要，提出如下针对性建议。

▶ 6.1 深入实施"一干多支、五区协同"发展战略，促进成都平原经济区协同发展

第一，坚持"主干"做强、"多支"发展的实现路径。区域内部发展不平衡问题是导致四川省经济健康持续发展不平衡的主要原因，因此，应该继续深入实施"一干多支、五区协同"发展战略，明确五大经济区域发展定位，推动差异化协同发展，推动成都平原经济区与其他片区协同联动。如：在环成都经济圈、川南和川东北经济区建立全省经济副中心，培育具有区域带动作用、创新能力强的经济示范区，进而形成优势产业链；攀西经济区加速产业转型升级，以第三产业为主加速打造康养旅游项目；川西北生态示范区持续生态绿色发展，提升其生态文明级别，加速建成国家生态文明建设示范区和旅游示范区。

第二，促进成都平原经济区协同发展。成都平原经济区内部城市发展不平衡问题较为突出。因此，要促进成都平原经济区协同发展，应该积极强化成都主干功能，加强成都市的"辐射效应"，重点促进环成都

经济圈的协同发展。可以充分利用成都市城市功能的"加法＋减法"来化解成都平原经济区八个城市间的发展不平衡问题。加法体现在，通过优化城市空间布局或建立新城等方式提高城市的综合承载能力，如加快推进成德眉资同城化，创建成德眉资同城化综合试验区，环成都经济圈要主动融入成都，围绕成都"主干"打造现代化城市群，进而带动整体成都平原经济区的协同发展。减法体现在，加快成都平原经济区产业布局一体化，通过向周边城市疏散非核心功能要素，将部分产能向环成都经济圈疏解转移，支持环成都经济圈各市加强与成都产业协作配套，进而推动环成都经济圈经济均衡高效发展。

◑ 6.2　提高经济总量且优化产业结构发展，促进五大经济区内部经济同城化发展

第一，促进五大经济区内部同城化发展。要破局四川省经济高质量发展不平衡问题，就是要提升五大经济区域内部市（州）发展的平衡性。如：成都平原经济区应深入推进成都与环成都经济圈之间同城化发展，加快产业间互动及产业布局，以基础交通设施网作为运输保障；川南经济区应推动物流和医养结合一体化发展；自贡、内江、泸州和宜宾四市将协同推动资源要素内部互动。

第二，实施降能行动，以打造完善的新能源产业生态为导向。在构建"5＋1"现代产业体系过程中以氢能产业为重点。传统能源均为不可再生能源，而氢能是一种洁净环保且可再生的二次能源。四川省氢能产业发展尚处于初期阶段且氢能源较为丰富。因此，全省应重点加强氢能基础设施的建设、推广氢能的应用范围，加速打造上下游产业链的互动，进一步完善氢能源产业布局，降低全产业链成本。

第三，培育壮大新消费，不断满足人民美好消费需要。加速四川省的消费升级结构，培育一批新的消费产品，以供给带动需求。随着信息技术的蓬勃发展，在保障网络安全的前提下，加大服务消费、网络消费

和信息消费引导力度。同时，可以从健康养老产业、体育服务业等新兴产业着手，培育不同区域城市开展别具特色的体育产业和健康产业，以此打造新的消费增长极，进而带动经济增长。

第四，完善城际交通网络，提升交通发展智能化水平。完善五大经济区之间及其内部城市间的交通网络，这将极大程度上有助于各种资源要素的自由流动。如探索中心城市轨道交通向周边城市延伸，促进轨道交通"四网融合"。如着力构建绵阳—德阳—成都—眉山—乐山—宜宾南北综合交通中轴线，以及相邻中心城市间 1 小时通达城际运输网络。为确保交通的安全及通勤问题，可以利用现代装备技术与信息技术，一方面加强建设现代综合交通网络保障平台，以便不同城市间能够联网售票；另一方面构建交通运输信息服务 App，加强安全应急保障体系建设，实时提供交通信息，提高交通网络效率。

第五，加快川西北生态示范区的建设，进而带动川西北经济区经济的充分发展。四川省十四五规划中对川西经济区的发展给出了明确的定位，即建成国家生态文明建设示范区、现代高原特色农牧业基地和国家全域旅游示范区。因此，川西北应大力发展生态产业，以生态特色农牧业、生态文化旅游业、生态绿色循环工业和现代服务业为主要发展产业，将生态产业形成特色的主流产业。

◐ 6.3　加快推进数字产业发展，进一步优化区域间创新能力布局

第一，社会经济加速数字化转型，提高运行和产出效率。十三五期间，数字经济对于推动四川省经济高质量发展的驱动力体现不够明显。因此，未来四川省应该在现有优势产业的基础上进一步加强产业与数字化的结合，提高投入产出效率。如：提高数字基础设施的普及率，不仅可以从产业链不同需求端和供给端，培育一批供需精准匹配数字平台工程，也可以将数字化引入政府职能部门，打造各经济区及地市（州）

政务互通系统。各方积极融入数字化，从而大力提升四川省整体经济运行的效率。

第二，加速推进数字经济产业布局，为四川省经济高质量发展注入新活力。2020年，四川省数字经济总量突破万亿元，综合实力居全国第六、中西部第一。基于良好发展势头，四川省应进一步促进各领域的数字化转型，要推进数字化产业的发展，如"芯屏端软智网"、5G产业、区块链等新兴数字化产业的打造，政府加大对其投入力度和帮扶力度，以建成数字产业集群为目标。同时要将数字技术融入四川省的重点发展，如制造业中的全智能生产线、农业中的智能农机、服务中的数字文旅和数字康养等。此外，以成都为中心和重点，优先建立一批高水平的数字经济创新发展试验区，推动数字城市融合创新，进而带动周边城市的数字化转型。

▶ 6.4 持续加强生态强省建设水平，促进经济社会发展向绿色化转型

第一，完善四川省生态绿色发展体系，构建"四区八带多点"生态安全战略格局。完善环全省绿色生态体系，构建全省生态保护信息平台和生态功能观测网络站点，大力提高环境监管的科技化信息化水平，从而实时关注生态体系的安全性，确保居民享有安全绿色的生活环境。十三五中后期，四川省生态绿色发展不平衡性问题较为突出，区域内部发展不平衡问题较为突出。因此，可通过对重点区域、重点行业、重点问题展开专项调查和监督，精准解决生态环境问题中的难点。

第二，继续加大空气污染防治管理和监督。重点落实成都平原经济区大气污染联防联控合作协议，在五大经济区中成都平原经济区的空气质量较差，亟待改善。可以通过多增加空气质量自动检测站个数，实现全省多地区空气质量监控全覆盖。构建"源头严防、过程严管、末端严治"大气污染闭环治理体系，重点控制源头，如推进机动车排放检测、

增加交通工具使用清洁能源和新能源的比例，持续深入开展"工地蓝天行动"，确保绿色工地的建设和维护，推进"散乱污"企业整治，严控工业源、移动源、面源排放。以成都平原经济区为重点领域，建成一批控制环境空气质量达标的项目，以充分改善成都平原经济区的空气质量。

第三，实施一批垃圾处理项目，补齐绿色保障设施短板。积极扩大《生活垃圾分类和处置工作方案》的实施范围，在全省地级及以上城市实施生活垃圾强制分类，进而大力提高生活垃圾回收利用率。建成垃圾分类重点示范区，通过建立生活垃圾分类处理系统、分类制度，以点带面形成全民垃圾分类意识。在幼儿园和中小学开展垃圾分类常识讲座和课外活动，普及垃圾分类好处，进而形成长期有效的机制，从长远规划和短期激励两个视角努力改善城乡人民的固体废物处理环境。

第四，构建绿色低碳产业体系，加快产业向绿色化转型。从产业视角出发，全省多领域产业均可向集约化和绿色化发展，重点打造工业、农业和旅游业的绿色化转型。继续深化实施《中国制造2025四川行动计划》，加快发展绿色低碳产业，如高效开发长宁—威远、富顺—永川等重点区块页岩气。继续加大高端产业的投入力度，如信息技术、新能源汽车和医药等行业。从产业链不同生产阶段引进绿色集约化的思想，进而实现生产低碳化-循环化-集约化的良性循环，可有效避免产能过剩。加快转变农业发展方式，发展绿色特色农业。减少农业化肥和农药的使用率，扩大绿色食品和有机食品的耕种范围，建立绿色现代化的农业示范。多开展绿色且安全的农业产品推广活动，政府组织农业专家提供培育低污染的种植技术。深入实施"绿色四川"旅游行动计划，严格防控旅游业的开发范围，培育一批旅游业向绿色化转型的示范区，重点打造绿色旅游产品。可以将旅游产业与文化产业相结合，将文化、体育、康养和旅游产业相融合，打造成新的绿色化的支柱产业。加大攀西和川西北生态经济区在绿色集约方面的发展力度，重点利用攀西、川西北经济区的环境地理优势，开发风电、太阳能、光伏发电等新能源，促进当地的能源转化，进而提升这两个经济区的绿色集约发展。

▶ 6.5 推动高层次对外开放，拓展区域发展新格局

第一，着力提升区域对外贸易水平。深度融入"一带一路"合作倡议，促进货物贸易与服务贸易，特别是国际旅游服务业的发展。逐步消除货物贸易中的制度性障碍，实现通关便利化与一体化，研究增设国家一类口岸。举办西部服务贸易推介会，依托西部高等教育大省与高等教育强省的优势，促进服务贸易向更高水平发展。打造区域旅游品牌，加快区域内旅游基础设施的建设，发挥区域内丰富的自然人文景观的天然优势，进一步提高都江堰世界文化遗产风景区、峨眉山自然人文风景区、阆中古城旅游区等景区的知名度，鼓励支持川西北生态经济区发展特色文化旅游业，保护好该区域内的生态环境以及民族特色文化，进一步发掘该区域内的旅游资源，发挥新媒体的作用，打造"丁真现象"，提升包括稻城亚丁、达古冰川、甘堡藏寨等自然人文风景区的知名度和旅游体验感。

第二，增强国内外投资吸引力。以成渝双城经济圈建设为引领，以长江经济带与西部大开发战略为支撑，营造开放、公平的营商环境。从行政视角来看，可适当简化行政审批程序，在切实发挥监管作用的同时将一部分权力下放，在重大项目招投标中，对区域内企业与区域外企业，包括省外企业、港澳台资企业、外资企业等实行无歧视、无差别准入，给予区域内与区域外企业公平的地位，进而促进国内外投资自由化，不断增强投资吸引力，鼓励成渝共建西部金融中心，切实发挥金融业服务于实体经济的作用，避免区域经济发展"脱实向虚"。

第三，鼓励本土企业与区域外企业合作。有序承接国内外产业转移的同时依托电力、热力生产和供应业，以及电子信息制造业、计算机软件服务业等本土优势产业，对传统产业进行清洁化、数字化、智能化转型。我省具有丰富的水能、天然气等清洁能源，同时拥有大量高素质的

信息软件服务业从业人员，在承接国内外产业转移特别是一些耗能大、智能化程度不高的产业的同时，应鼓励本土相关优势行业企业与区域外企业合作，对承接产业进行清洁化、数字化、智能化转型与升级，发挥本土优势产业的同时提升区域内外企业的合作层次与水平。

◉ 6.6 切实增进民生福祉发展水平，推动公共服务均等化发展

第一，继续推进积极的就业政策，实现就业的充分性和质量的提升。根据实证分析结论可知，人民生活中应该重点关注就业问题。因此，四川省应坚持"就业是最大的民生"，加快公共就业服务平台特别是基层就业服务平台的数字化建设，逐步缩小城乡公共就业服务在政策咨询、岗位发布、用工指导等方面的差距，为劳动者与用工单位构建更加畅通、更加便利、更加透明的交流渠道。切实保障劳动者合法权益，特别是外出务工人员群体的合法权益，本省是劳务输出大省，每年外出务工人员逾千万，政府相关职能部门应采取跨部门协作、跨区域协调、点对点对接等方式，保障外出务工人员的各项合法权益，此外，将保障外出就业劳动者权益与创造本地就业岗位相结合，以便在应对外部劳动需求冲击时，尽可能降低对劳动者就业的影响。

第二，深入贯彻落实"健康四川"行动计划。加大对基本公共卫生事业的投入，尤其是医疗卫生设施相对落后地区的财政投入力度，才能有效促进公共卫生服务的均等化发展。坚持政府在基本公共卫生服务保障中的主体地位，在"尽力而为，量力而行"原则的基础上，进一步扩大带量采购、集中采购目录，不断降低群众的医疗成本。推进公共卫生服务资源向基层延伸、向农村覆盖、向边远地区和生活困难群众倾斜，加快"互联网＋医疗健康"的发展，采取数字化、智能化等方式，不断扩展公共卫生服务资源的覆盖面。

第三，推进教育资源的均衡发展，尤其是公共优质教育资源的均等

化。无论是高等教育还是义务教育，均是教育发展关注的重点对象。从义务教育视角来看，应大力提高义务教育的教育资源水平，重点发展素质教育。鼓励优质教学单位跨市建立分校，将先进教学思想和管理模式进行推广。教育资源相对落后的城市，可充分利用现代教学技术手段，通过慕课和远程教学等方式共享优质教育资源，进而缓解教育资源的不平衡问题。鼓励县乡级教师到就近的先进单位进行深化学习，加强教师队伍的示范性建设，加大教育资源投入力度，尤其是人才引进力度，制定行之有效的激励机制，从而确保师资力量的均衡发展。从高等教育阶段来看，应加快实施高等教育高质量发展行动，分层分类推进"双一流"建设、省级重点学科和特色科学建设。加大基础学科的科研投入力度，鼓励开展应用性研究，科学制订高等教育培养方案，要与社会和国家对于人才培养的需要相匹配。

参考文献

［1］Borrell L N, Talih M. A symmetrized Theil index measure of health disparities: An example using dental caries in US children and adolescents ［J］. Statistics in Medicine, 2011, 30（3）: 277-290.

［2］Erreygers G. Correcting the concentration index ［J］. Journal of Health Economics, 2009, 28（2）: 504-515.

［3］Firpo S, Fortin N M, Lemieux T. Decomposing wage distributions using influence function projections ［J］. Economics Working paper, University of British Columbia, 2007.

［4］Mata J, J. Machado. Counterfactual Decomposition of Changes in Wage Distributions Using Quantile Regression ［J］. Journal of Applied Econometrics, 2005（4）: 445-465.

［5］Wagstaff A. The bounds of the concentration index when the variable of interest is binary, with an application to immunization inequality ［J］. Health Economics, 2005, 14（4）: 429-432.

［6］白暴力, 傅辉煌. 新时代中国特色社会主义社会主要矛盾研究——马克思主义政治经济学的丰富与发展 ［J］. 治理现代化研究, 2019（01）: 28-36.

［7］白春玲, 陈东. 我国中老年群体健康不平等的早期根源追溯——基于机会不平等的测度与分解 ［J］. 人口与经济, 2022（02）: 104-123.

［8］陈东, 张郁杨. 与收入相关的健康不平等的动态变化与分解——以我国中老年群体为例 ［J］. 金融研究, 2015（12）: 1-16.

［9］陈鸿宇. 空间视角下的不平衡发展问题辨析 ［J］. 南方经济, 2017（10）: 2-4.

［10］陈景华, 陈姚, 陈敏敏. 中国经济高质量发展水平、区域差异及分布动态演进 ［J］. 数量经济技术经济研究, 2020, 37（12）: 108-126.

［11］陈梦根, 张帅. 中国地区经济发展不平衡及影响因素研究——基于夜间灯光

数据 [J]. 统计研究, 2020, 37 (06): 40 - 54.

[12] 陈明华, 王哲, 李倩等. 黄河流域高质量发展的不平衡不充分测度及成因 [J]. 当代经济研究, 2022 (09): 57 - 70.

[13] 陈诗一, 陈登科. 雾霾污染、政府治理与经济高质量发展 [J]. 经济研究, 2018, 53 (02): 20 - 34.

[14] 陈长石, 丁胜. 产业结构偏离是否会导致省际经济发展不平衡? [J]. 财经问题研究, 2017 (05): 25 - 31.

[15] 程中培, 乐章. 美好生活的社会保护水准：社会政策体系中基本生活需要标准的建构 [J]. 求实, 2020 (02): 65 - 75 + 111.

[16] 邓宗兵, 何若帆, 陈钲, 等. 中国八大综合经济区生态文明发展的区域差异及收敛性研究 [J]. 数量经济技术经济研究, 2020, 037 (006): 3 - 25.

[17] 翟绍果, 谌基东. 共建美好生活的时代蕴意、内涵特质与实现路径 [J]. 西北大学学报 (哲学社会科学版), 2017, 47 (06): 20 - 26.

[18] 丁守海, 徐政, 张普阳. 新发展格局下我国经济高质量发展提升人民幸福感的实证研究 [J]. 云南师范大学学报 (哲学社会科学版), 2021, 53 (02): 133 - 146.

[19] 方若楠, 吕延方, 崔兴华. 中国八大综合经济区高质量发展测度及差异比较 [J]. 经济问题探索, 2021 (02): 111 - 120.

[20] 方世南. 马克思恩格斯关于美好生活的生态权益向度思想研究 [J]. 毛泽东邓小平理论研究, 2018 (12): 46 - 50 + 104 - 105.

[21] 方巍. 文化视野下的中国特色美好生活评价指数 [J]. 社会科学, 2020 (01): 102 - 111.

[22] 丰子义. 人学视域中的"美好生活需要" [J]. 学术界, 2021 (11): 5 - 14.

[23] 冯志轩, 李帮喜, 龙治铭, 等. 价值生产、价值转移与积累过程：中国地区间不平衡发展的政治经济学分析 [J]. 经济研究, 2020, 55 (10): 4 - 21.

[24] 高原, 周诗. 发达省份区域不平衡发展动因探析——以广东省为例 [J]. 生态经济, 2014, 30 (06): 75 - 80.

[25] 顾欣, 韦柳馨. RCEP 视角下推进长三角地区开放型经济高质量发展的路径与对策研究 [J]. 现代经济探讨, 2022 (03): 60 - 69.

[26] 郭全中. 完善以高质量发展为导向的文化经济政策 [J]. 行政管理改革, 2020 (06): 32 - 40.

[27] 郭周明, 张晓磊. 高质量开放型经济发展的内涵与关键任务 [J]. 改革,

2019（01）：43－53.

[28] 国家发展改革委经济研究所课题组. 推动经济高质量发展研究 ［J］. 宏观经济研究, 2019（02）：5－17＋91.

[29] 何慧爽. 中原经济区域内经济协调发展的对策研究 ［J］. 经济纵横, 2013（10）：99－102.

[30] 何云峰, 潘二亮. 美好生活、民生保障与劳动幸福权的最大化实现 ［J］. 学术月刊, 2022, 54（02）：79－90.

[31] 贺大兴, 王静. 营商环境与经济高质量发展：指标体系与实证研究 ［J］. 上海对外经贸大学学报, 2020, 27（06）：51－62.

[32] 侯猛. 性别工资差异与工资歧视——基于 RIF 回归的分解方法 ［J］. 南方人口, 2016（1）：18－25.

[33] 胡鞍钢, 鄢一龙. 我国发展的不平衡不充分体现在何处 ［J］. 人民论坛, 2017（S2）：72－73.

[34] 黄一玲. 生活方式变革与美好生活的建构 ［J］. 马克思主义研究, 2021（5）：69－76.

[35] 江畅, 潘从义. 习近平幸福观对中国古典幸福观的弘扬与超越 ［J］. 武汉大学学报（哲学社会科学版）, 2018, 71（04）：5－12.

[36] 蒋永穆, 周宇晗. 着力破解经济发展不平衡不充分的问题 ［J］. 四川大学学报（哲学社会科学版）, 2018（01）：20－28.

[37] 孔海涛. 环境规制类型与地区经济发展不平衡 ［J］. 管理现代化, 2018, 38（03）：48－50.

[38] 李昌祖, 胡思佳, 杨延圣. 人民美好生活需要舆情指数的构建——基于浙江省的实证研究 ［J］. 浙江工业大学学报（社会科学版）, 2019, 18（01）：1－9.

[39] 李春艳, 孟维站, 成蕾. 全方位推动技术创新　有效促进经济高质量发展 ［J］. 宏观经济管理, 2020（12）：31－36.

[40] 李海舰, 杜爽. 发展不平衡问题和发展不充分问题研究 ［J］. 中共中央党校（国家行政学院）学报, 2022, 26（5）：72－81.

[41] 李松龄. 新时代社会主要矛盾的理论认识与制度安排 ［J］. 湖南大学学报（社会科学版）, 2019, 33（01）：1－9.

[42] 梁丹, 陈晨. 经济高质量发展的支撑体系构筑及着力点研究 ［J］. 学习论坛, 2019（06）：33－39.

［43］ 梁君，王蒙. 广西不平衡不充分发展的体现与应对策略［J］. 广西社会科学，2017（11）：39 - 44.

［44］ 林伯强. 碳中和进程中的中国经济高质量增长［J］. 经济研究，2022，57（01）：56 - 71.

［45］ 林靖宇，邓睦军，李蔚. 中国区域协调发展的空间政策选择［J］. 经济问题探索，2020（08）：11 - 21.

［46］ 林聚任，张小莉. 城乡空间协调发展与融合——基于胶东地区的研究［J］. 南京社会科学，2020（06）：57 - 64.

［47］ 刘峰. 破解经济发展不平衡不充分难题的税收力量——基于供给侧结构性改革的视角［J］. 税收经济研究，2017，22（06）：30 - 34.

［48］ 刘儒，王江涛. 新时代人民美好生活需要：基本蕴涵、主要表现与实现路径［J］. 郑州大学学报（哲学社会科学版），2022，55（03）：11 - 17 + 127.

［49］ 刘思明，张世瑾，朱惠东. 国家创新驱动力测度及其经济高质量发展效应研究［J］. 数量经济技术经济研究，2019，36（04）：3 - 23.

［50］ 刘须宽. 新时代中国社会主要矛盾转化的原因及其应对［J］. 马克思主义研究，2017（11）：83 - 91.

［51］ 刘志洪，魏冠华. 美好生活的本质规定与当代特质［J］. 马克思主义与现实，2022，（1）：41 - 49.

［52］ 鲁万波，江初娜姆，杨旭成. 西藏经济高质量发展不平衡和不充分研究［J］. 西藏大学学报（社会科学版），2023，38（01）：160 - 168.

［53］ 马茹，罗晖，王宏伟，等. 中国区域经济高质量发展评价指标体系及测度研究［J］. 中国软科学，2019（07）：60 - 67.

［54］ 倪斐. 地方法治：解决区域发展不平衡问题的内生型路径［J］. 江海学刊，2020（04）：248 - 253.

［55］ 潘建成. 美好生活与不平衡不充分如何监测［J］. 中国统计，2018（05）：4 - 6.

［56］ 秦放鸣，焦音学. "丝绸之路经济带"背景下新疆区域经济发展不平衡水平测度及应对之策［J］. 新疆大学学报（哲学·人文社会科学版），2016，44（01）：1 - 7.

［57］ 秦维红，张玉杰. 马克思需要理论视域中"美好生活需要"探析［J］. 马克思主义理论学科研究，2020，6（04）：41 - 48.

［58］ 任保平. 现代化战略导向下我国"十四五"经济发展规划的高质量谋划

[J]. 浙江工商大学学报，2020（05）：106－115.

[59] 商晨. 资本聚集、分工深化与发展不平衡 [J]. 云南财经大学学报，2019，35（12）：25－35.

[60] 沈湘平，刘志洪. 正确理解和引导人民的美好生活需要 [J]. 马克思主义研究，2018（08）：125－132＋160.

[61] 沈肇章，陈西晨. 财政科技投入、全要素生产率与经济发展不平衡——基于广东省21个地级市面板数据分析 [J]. 科技管理研究，2020，40（06）：100－106.

[62] 时伟. 十八大以来国内学界关于"美好生活"研究综述 [J]. 社会主义研究，2019（03）：166－172.

[63] 史云贵，刘晓燕. 实现人民美好生活与绿色治理路径找寻 [J]. 改革，2018（02）：45－53.

[64] 宋洋. 数字经济、技术创新与经济高质量发展：基于省级面板数据 [J]. 贵州社会科学，2020（12）：105－112.

[65] 苏庆义. 国内市场分割是否导致了中国区域发展不平衡 [J]. 当代经济科学，2018，40（04）：101－112＋128.

[66] 孙祁祥，周新发. 科技创新与经济高质量发展 [J]. 北京大学学报（哲学社会科学版），2020，57（03）：140－149.

[67] 孙志燕，侯永志. 对我国区域不平衡发展的多视角观察和政策应对 [J]. 管理世界，2019，35（08）：1－8.

[68] 田国强. 中国经济高质量发展的政策协调与改革应对 [J]. 学术月刊，2019，51（05）：32－38.

[69] 佟德志，刘琳. 美好生活需要与中国社会主要矛盾的变迁分析——基于1990－2012年世界价值观调查（WVS）数据的分析 [J]. 理论与改革，2019（02）：39－50.

[70] 万广华. 不平等的度量与分解 [J]. 经济学（季刊），2008，8（1）：348－368.

[71] 万是明. 论党的十九大对新时代社会主要矛盾的认识及其价值 [J]. 社会主义研究，2018（06）：83－88.

[72] 万媛媛，苏海洋，刘娟. 生态文明建设和经济高质量发展的区域协调评价 [J]. 统计与决策，2020，36（22）：66－70.

[73] 万忠，方师乐. 乡村振兴战略视角下广东省不平衡不充分问题研究 [J]. 农

业经济问题，2019（02）：117-124.

[74] 汪存华，郝玉龙，马庆林. 区域发展不平衡的影响因素实证分析——以新疆南北疆为例 [J]. 新疆大学学报（哲学·人文社会科学版），2013，41（02）：1-6.

[75] 王刚，李爽. 习近平总书记关于美好生活的重要论述及其价值意蕴 [J]. 学术交流，2022（07）：15-25+191.

[76] 王静，方德斌. 基于"五位一体"的中国经济高质量发展指数研究 [J]. 宏观经济研究，2022（05）：22-34+73.

[77] 王俊秀，刘晓柳，刘洋洋. 人民美好生活需要的层次结构和实现途径 [J]. 江苏社会科学，2020（02）：19-27+241.

[78] 王满仓，吴登凯. 中国经济高质量发展的潜在增长率研究 [J]. 西安财经大学学报，2021，34（01）：19-27.

[79] 王蔷，丁延武，郭晓鸣. 我国县域经济高质量发展的指标体系构建 [J]. 软科学，2021，35（01）：115-119+133.

[80] 王圣云，姜婧. 中国人类发展指数（HDI）区域不平衡演变及其结构分解 [J]. 数量经济技术经济研究，2020，037（004）：85-106.

[81] 王嵩，范斐，王雪利. 人民美好生活需要与平衡充分发展——基于区域、城乡和产业维度的分析 [J]. 山西财经大学学报，2020，42（07）：1-16.

[82] 王伟. 中国经济高质量发展的测度与评估 [J]. 华东经济管理，2020，34（06）：1-9.

[83] 王曦璟. 基于多维框架的不平等关联研究 [J]. 经济问题，2021（11）：26-33+76.

[84] 王先亮，张瑞林. 从生产到生活：论美好生活需要下体育产业高质量发展 [J]. 沈阳体育学院学报，2020，39（04）：106-113.

[85] 王延中，宁亚芳. 新时代民族地区决胜全面小康社会的进展、问题及对策——基于2013~2016年民族地区经济社会发展问卷调查的分析 [J]. 管理世界，2018，34（01）：39-52.

[86] 王颖纯，岳磊，康在龙. 长三角地区循环经济发展的不平衡性探讨 [J]. 商业时代，2012（26）：137-139.

[87] 王永昌，尹江燕. 论经济高质量发展的基本内涵及趋向 [J]. 浙江学刊，2019（01）：91-95.

[88] 魏敏，李书昊. 新时代中国经济高质量发展水平的测度研究 [J]. 数量经济

技术经济研究，2018，35（11）：3－20.

［89］邬晓霞，时晨，高见. 资源型经济高质量发展的科学内涵与机制创新［J］. 经济问题，2020（12）：11－17.

［90］吴万宗，刘玉博，徐琳. 产业结构变迁与收入不平等——来自中国的微观证据［J］. 管理世界，2018，34（02）：22－33.

［91］武靖国. 我国社会主要矛盾变化与财政职能定位探讨——兼论中国特色财政理论发展的使命［J］. 财政研究，2018（10）：25－34.

［92］夏锦文，吴先满，吕永刚，李慧. 江苏经济高质量发展"拐点"：内涵、态势及对策［J］. 现代经济探讨，2018（05）：1－5.

［93］熊建生，程仕波. 试论习近平关于人民获得感的思想［J］. 马克思主义研究，2018（08）：105－114＋160.

［94］徐生霞，刘强. 北京区域发展不平衡性的时空演变与成因研究——基于教育与劳动报酬的视角［J］. 数理统计与管理，2019，38（06）：951－964.

［95］徐士珺. 农民美好生活评价指标体系建构：基于农户主体性视角［J］. 云南行政学院学报，2020，22（02）：23－30.

［96］许广月. 论张培刚发展经济学解决中国发展不平衡不充分问题的新时代使命［J］. 经济学家，2019（04）：30－40.

［97］许宪春，任雪，汤美微. 关于中国平衡发展指数指标体系的构建［J］. 统计研究，2020，37（02）：3－14.

［98］许宪春，郑正喜，张钟文. 中国平衡发展状况及对策研究——基于"清华大学中国平衡发展指数"的综合分析［J］. 管理世界，2019，35（05）：15－28.

［99］颜军，朱旭. 十九大以来我国美好生活研究进展与展望——基于 CiteSpace 的知识图谱分析［J］. 黑龙江社会科学，2019（06）：87－93.

［100］杨红蕾，张祖荣. 基于因子分析和聚类分析的河南省农业保险区域发展不平衡研究［J］. 金融理论与实践，2018（10）：93－97.

［101］杨继瑞，康文峰. 中国经济不平衡不充分发展的表现、原因及对策［J］. 贵州师范大学学报（社会科学版），2018（03）：71－84.

［102］杨晋超，吴骥. 不平衡不充分的统计评价［J］. 统计科学与实践，2018（06）：32－35.

［103］杨沫，朱美丽，尹婷婷. 中国省域经济高质量发展评价及不平衡测算研究［J］. 产业经济评论，2021（05）：5－21.

[104] 杨耀武, 张平. 中国经济高质量发展的逻辑、测度与治理 [J/OL]. 经济研究, 2021 (01)：26 - 42 [2021 - 04 - 11].

[105] 尹杰钦, 滕茜茜, 聂川. 新时代人民美好生活需要：依据、维度及特点 [J]. 湖南科技大学学报 (社会科学版), 2021, 24 (01)：166 - 173.

[106] 俞光华, 黄瑞雄. 论新时代人民幸福思想的内在逻辑 [J]. 中国特色社会主义研究, 2018 (03)：95 - 102.

[107] 岳欣. 国家能力与经济发展——基于经济高质量发展目标的再思考 [J]. 经济学家, 2021 (01)：54 - 62.

[108] 张传文. 当代中国不平衡不充分发展的时代特点与演化趋势 [J]. 安徽农业大学学报 (社会科学版), 2018, 27 (03)：42 - 47.

[109] 张荐华, 高军. 中国改革开放 40 年中的区域经济发展不平衡问题与对策研究 [J]. 当代经济管理, 2019, 41 (02)：9 - 14.

[110] 张谨. 我国区域间文化发展不平衡的四种表我国区域间文化发展不平衡的四种表现及其对策现及其对策 [J]. 中华文化论坛, 2013 (12)：137 - 142.

[111] 张明源. 财政支出政策会改善区域发展不平衡吗？——基于地方竞争框架下的讨论 [J/OL]. 当代经济管理, 2021 (02)：1 - 13 [2021 - 04 - 10].

[112] 张侠, 许启发. 新时代中国省域经济高质量发展测度分析 [J]. 经济问题, 2021 (03)：16 - 25.

[113] 张兆同, 王小雨, 唐学玉. 支持农业高质量发展的财政政策有效性研究 [J]. 农业经济, 2021 (01)：90 - 92.

[114] 张震, 刘雪梦. 新时代我国 15 个副省级城市经济高质量发展评价体系构建与测度 [J]. 经济问题探索, 2019 (06)：20 - 31 + 70.

[115] 赵剑波, 史丹, 邓洲. 高质量发展的内涵研究 [J]. 经济与管理研究, 2019, 40 (11)：15 - 31.

[116] 赵儒煜, 许军. 东北地区要素空间集聚与不平衡发展研究 [J]. 地理科学, 2020, 40 (07)：1104 - 1113.

[117] 郑建君. 中国公民美好生活感知的测量与现状——兼论获得感、安全感与幸福感的关系 [J]. 政治学研究, 2020 (06)：89 - 103 + 127 - 128.

[118] 郑耀群, 葛星. 中国经济高质量发展水平的测度及其空间非均衡分析 [J]. 统计与决策, 2020, 36 (24)：84 - 88.

[119] 郑有贵. 中国式现代化演进中破解不平衡不充分发展问题的路径 [J]. 中南财经政法大学学报, 2022 (06)：3 - 13.

［120］周侃，盛科荣，樊杰，刘汉初，伍健雄. 我国相对贫困地区高质量发展内涵及综合施策路径［J］. 中国科学院院刊，2020，35（07）：895－906.

［121］朱喜安，魏国栋. 熵值法中无量纲化方法优良标准的探讨［J］. 统计与决策，2015（02）：12－15.

［122］朱雨可，赵佳，邹红. 新时代人民美好生活消费需要的内涵及维度［J］. 消费经济，2018，34（04）：18－25.

附 录

◐ 附录1 专家调查研究方案

一、调研目的

随着四川省深入推进经济高质量发展的进行的加速，四川省经济高质量发展的评价也面临的了新的逃。为了能够从整体上了解和测算四川省经济高质量发展水平度，找出四川省经济高质量发展面临的问题，故急需设计一套全新的经济高质量发展评价指标体系。

二、调研对象

本次调查的对象是从事经济高质量发展相关领域的高校专家（川内高校）及政府相关部门的科研人员（持续从事相关研究5年以上）。

三、调研形式

本次调查主要采用线上会议（腾讯会议）及讨论的形式，为做科学研究，全程保密，不记名填写问卷，对"经济高质量发展"涉及的三级指标进行打分。

四、调研时间及安排内容

（一）调研时间

2020年6月30日上午9：00—10：00

（二）调研内容

对初定的四川省经济高质量发展指标体系中的三级指标进行打分。

附表1　四川省经济高质量发展指标体系三级指标打分表

一级指标	二级指标	三级指标	指标层级	打分
经济健康	经济效益	经济总量	人均 GDP	
		经济增量	经济增长率	
		能源产出率	单位地区生产总值能耗变化	
	经济结构	民营经济总量	人均民营经济增加值	
		产业结构	第二产业增加值与第三产业增加值比值	
		就业结构	第一产业人员就业占比	
		空间结构	城镇化率	
	经济风险	通货膨胀率	居民消费价格指数	
		资产负债率	规模以上企业资产负债率	
		失业率	登记失业率	
	交通网络	运输线路	公路总里程	
		高速运营	等级公路里程	
		城市交通	城市道路面积	
创新驱动	创新投入	资金投入	R&D 经费支出占 GDP 比重	
		人力投入	R&D 人员数占总就业人口比重	
		政府资金	科技支出占地方一般公共预算支出比重	
	创新产出	产出效率	专利申请数占 R&D 经费支出比重	
		结构优化	高新技术企业产业主营业务收入占 GDP 比重	
		数字化水平	数字金融普惠指数	
		数字经济	信息传输、软件和信息技术服务业的就业人员工资总额	

续附表1

一级指标	二级指标	三级指标	指标层级	打分
生态绿色	环境治理	空气质量	环境空气质量综合指数	
		土壤质量	单位耕地面积化肥施用量	
		生活垃圾	生活垃圾清运量	
		水质量	污水处理率	
		制度保障	节能环保支出占一般公共预算支出的比重	
	绿色集约	国土空间优化	耕地面积占辖区面积的比重	
		环保设施	市容环卫专用车辆设备总数	
		资源集约	人均日生活用水量	
		森林绿化	绿化覆盖面积	
对外贸易	外贸水平	对外贸易依存度	进出口总额与GDP比值	
		省外零售依赖度	限额以上批发零售贸易法人企业商品购进总额	
		内贸依存度	社会消费品零售总额与GDP的比值	
		旅游开放依赖度	国际旅游外汇收入	
民生福祉	医疗健康	健康状况	死亡率	
		医疗机构	卫生机构数	
		医疗人力	卫生机构人员数	
	人民生活	城乡收入差距	城镇与农村人均可支配收入之差	
		城乡消费差距	城镇与农村人均消费支出之差	
		就业工资	就业人员平均工资	
		城乡居住面积差距	城镇与农村居民人均居住面积之差	
	社会保障	最低生活保障情况	城市与农村居民最低生活保障人数总人数	
		基本养老保险	城镇职工养老保险征缴率	
		基本医疗保险	城镇职工基本医疗保险征缴率	
	教育	高等教育	普通高等教育毕业人数	
		义务教育	义务教务在校学生人数	
		教育支出	一般公共支出中教育支出占总支出的比重	

注：请在最后一列填写分值，请在1~5分中选取合适的数字，数值越大代表该三级指标越重要。

附录2　各项数据统计汇总

附表2　2015—2021年全省及五大经济区三级指标充分发展程度平均值

年份	五大经济区	AA1	AA2	AA3	AB1	AB2	AB3	AB4	AC1	AC2	AC3	AD1	AD2	AD3	BA1
2021	成都平原经济区	81.90	94.76	68.54	85.44	85.34	86.05	80.55	69.37	83.24	77.63	74.63	74.91	68.09	72.27
	川南经济区	79.51	95.85	72.03	83.49	78.66	85.77	77.83	70.36	82.34	77.72	76.95	77.08	63.92	65.62
	川东北经济区	68.63	86.57	69.29	70.58	86.96	82.60	74.06	73.04	93.14	71.94	88.15	87.98	63.03	62.83
	攀西经济区	83.08	92.06	80.81	81.50	73.26	79.96	78.99	79.66	73.93	74.26	77.15	76.66	61.84	64.85
	川西北生态经济区	71.61	92.38	85.22	66.80	93.26	72.42	67.39	73.01	68.69	76.65	84.62	84.19	60.77	61.05
	全省平均数	77.45	92.43	71.94	79.24	84.63	82.74	76.80	71.41	82.70	75.33	79.76	79.80	64.73	66.93
2020	成都平原经济区	80.87	81.92	61.35	82.44	85.02	85.91	80.20	88.65	82.31	81.56	74.50	74.80	68.32	71.94
	川南经济区	78.05	85.80	64.17	80.13	77.81	85.53	77.39	88.26	83.51	81.47	76.65	76.69	64.48	65.09
	川东北经济区	67.37	88.01	72.25	68.08	87.28	82.51	73.78	88.85	92.12	73.88	87.66	87.55	63.37	62.62
	攀西经济区	82.69	76.01	64.81	81.03	73.89	79.89	78.64	87.85	73.57	78.52	77.11	76.59	61.77	64.80
	川西北生态经济区	70.19	85.75	67.29	65.16	93.89	72.39	66.88	76.93	68.94	78.29	84.53	84.13	60.62	61.12
	全省平均数	76.32	84.75	65.22	76.72	84.45	82.61	76.48	86.72	82.22	78.91	79.52	79.58	65.00	66.65

续附表2

年份	地区													
2019	成都平原经济区	76.70	84.57	73.62	79.14	83.63	79.79	73.47	80.49	74.23	71.41	71.46	68.64	71.40
	川南经济区	72.63	89.44	88.54	75.02	77.17	78.35	83.19	81.56	79.56	71.94	71.32	64.75	64.62
	川东北经济区	65.42	78.36	86.80	66.37	85.62	72.73	74.75	89.17	69.88	79.45	79.11	63.79	62.04
	攀西经济区	77.63	73.56	74.82	77.84	73.45	78.34	63.04	72.41	80.98	75.41	74.59	61.94	64.55
	川西北生态经济区	67.42	67.59	67.20	64.70	92.69	65.98	83.04	67.59	82.40	81.66	81.14	60.66	61.20
	全省平均数	72.40	80.70	79.40	73.71	83.39	76.19	76.48	80.32	75.12	75.22	74.99	65.29	66.20
2018	成都平原经济区	77.41	71.90	82.17	79.54	84.59	79.59	77.00	80.18	75.50	70.95	70.97	68.55	71.70
	川南经济区	72.22	79.05	77.22	74.76	78.67	78.13	74.72	81.97	77.08	71.29	70.61	64.38	64.47
	川东北经济区	65.47	75.85	78.75	66.88	86.62	72.48	80.44	84.87	69.85	78.41	77.78	63.23	61.68
	攀西经济区	83.18	67.44	77.12	82.54	73.07	78.80	78.00	69.54	79.96	75.15	73.97	61.88	65.63
	川西北生态经济区	66.65	71.48	74.10	64.41	92.57	65.98	88.94	65.94	85.96	80.94	80.18	60.68	61.21
	全省平均数	72.93	74.50	79.95	74.22	84.27	76.06	78.17	78.94	75.40	74.60	74.26	65.04	66.30
2027	成都平原经济区	76.14	80.35	85.85	78.42	86.13	79.32	71.77	81.01	74.91	69.50	69.49	67.98	71.48
	川南经济区	71.69	81.44	76.96	74.16	83.45	77.84	75.43	81.33	79.00	69.44	68.18	63.91	64.86
	川东北经济区	65.12	82.40	73.64	66.84	89.21	72.08	80.07	85.33	72.51	76.15	75.87	63.14	61.78
	攀西经济区	83.36	66.99	90.18	82.90	74.57	78.97	76.73	67.11	73.09	73.54	72.31	62.03	65.70
	川西北生态经济区	66.95	65.16	77.07	65.18	93.60	65.86	76.27	66.53	77.82	78.67	77.97	60.74	60.80
	全省平均数	72.26	80.23	80.84	73.74	86.48	75.82	74.89	79.11	74.82	72.94	72.57	64.73	66.28

续附表2

年份	地区														
2016	成都平原经济区	76.51	82.90	79.31	78.30	85.53	82.82	79.19	80.67	81.48	76.16	70.04	69.67	68.88	70.65
	川南经济区	72.88	77.10	73.13	74.11	82.99	82.61	77.63	78.49	83.67	78.74	69.72	68.22	63.94	64.40
	川东北经济区	65.39	78.08	77.74	66.53	88.08	78.56	71.90	82.72	85.33	72.80	77.20	76.82	62.76	61.41
	攀西经济区	83.99	67.62	76.90	81.03	74.57	78.46	79.27	79.33	63.78	76.21	74.22	71.90	62.37	65.07
	川西北生态经济区	68.18	65.03	60.72	66.65	92.86	69.97	65.99	71.34	66.07	89.26	79.73	78.12	60.94	61.05
	全省平均数	72.80	77.44	75.78	73.48	85.82	79.69	75.73	79.21	79.39	76.24	73.56	72.89	65.02	65.74
2015	成都平原经济区	77.13	69.95	89.25	77.86	84.76	82.42	78.50	90.38	80.58	74.81	71.52	71.59	69.38	70.21
	川南经济区	73.17	65.01	92.45	73.38	83.32	81.86	76.69	86.15	82.79	74.02	71.17	69.89	64.25	64.13
	川东北经济区	65.63	70.42	77.67	66.16	88.04	78.29	71.05	77.85	86.20	72.79	79.50	79.83	63.04	60.64
	攀西经济区	84.40	65.08	86.58	79.78	75.35	79.15	78.92	76.92	64.87	77.76	75.63	73.51	62.77	65.69
	川西北生态经济区	68.92	81.28	76.03	66.79	93.84	69.59	66.03	76.92	68.04	76.82	82.04	81.11	61.12	61.21
	全省平均数	73.23	71.30	84.86	72.96	85.68	79.37	75.04	85.05	79.28	74.42	75.16	74.93	65.38	65.40

续附表 2

年份	五大经济区	BA2	BA3	BB1	BB2	BB3	CA1	CA2	CA3	CA4	CA5	CB1	CB2	CB3	CB4	DA1
2021	成都平原经济区	78.75	70.39	69.13	78.17	78.61	70.69	78.00	67.05	96.33	71.75	82.71	66.32	88.74	68.80	68.37
	川南经济区	71.80	64.37	69.57	71.32	78.14	63.91	88.26	62.35	97.20	75.86	92.52	62.20	96.42	64.76	63.89
	川东北经济区	65.22	60.67	77.97	64.19	79.07	73.08	86.34	62.05	97.92	66.90	86.34	61.04	93.37	64.05	61.11
	攀西经济区	67.46	60.62	69.77	83.93	66.92	77.25	90.12	61.50	75.42	67.42	67.74	60.78	92.42	62.05	61.65
	川西北生态经济区	62.20	60.47	78.39	68.91	62.80	92.62	94.36	60.92	93.80	80.37	64.42	60.40	78.32	60.89	60.18
	全省平均数	71.70	65.05	73.43	72.63	76.08	73.04	84.98	63.76	94.52	72.31	81.86	63.15	90.62	65.42	64.36
2020	成都平原经济区	77.52	71.25	68.80	78.47	78.24	73.11	76.53	66.97	97.00	71.27	83.88	66.43	79.99	68.71	67.67
	川南经济区	70.36	67.73	70.21	71.57	76.89	70.56	83.30	62.34	97.43	80.18	90.43	61.99	94.63	64.92	63.31
	川东北经济区	63.45	60.81	79.11	72.77	70.02	74.22	80.83	61.88	98.41	63.86	84.58	61.23	87.28	63.91	60.64
	攀西经济区	68.72	62.87	68.48	64.56	62.69	76.84	84.58	61.33	77.24	64.38	66.67	60.82	78.66	61.92	61.34
	川西北生态经济区	61.26	60.68	72.37	62.47	68.84	93.91	91.12	60.80	96.12	70.16	63.35	60.44	71.31	60.70	60.10
	全省平均数	70.47	66.29	72.48	72.95	73.81	75.78	81.56	63.68	95.31	71.16	81.39	63.20	84.09	65.38	63.84

续附表2

年份	地区													
2019	成都平原经济区	74.97	72.36	78.99	82.03	73.11	76.53	67.16	93.46	79.90	83.88	66.48	82.23	68.79	68.42
	川南经济区	66.02	69.10	70.74	77.59	70.56	83.30	62.04	85.33	76.56	90.43	61.88	95.45	65.04	63.46
	川东北经济区	61.86	60.88	73.07	75.26	74.22	80.83	61.96	89.97	66.92	84.58	61.17	92.34	63.82	61.63
	攀西经济区	66.12	65.62	71.59	69.56	76.84	84.58	61.23	88.42	66.44	66.67	60.95	77.27	61.87	61.72
	川西北生态经济区	60.28	63.52	69.47	71.27	93.91	91.12	60.74	81.32	71.80	63.35	60.44	68.88	60.63	60.08
	全省平均数	67.92	67.34	73.77	77.59	75.78	81.56	63.70	88.39	74.45	81.39	63.20	85.50	65.40	64.43
2018	成都平原经济区	73.93	70.87	80.61	81.44	71.85	76.52	67.09	88.07	77.36	83.88	67.07	89.30	68.60	69.18
	川南经济区	65.00	64.46	72.62	85.28	70.36	83.33	62.29	86.93	80.23	90.43	62.98	98.47	64.98	63.52
	川东北经济区	61.38	60.91	73.84	79.20	74.00	80.68	62.04	87.76	70.79	84.58	61.78	92.40	63.69	60.81
	攀西经济区	68.48	62.79	79.25	79.15	75.01	84.14	61.29	83.10	78.93	66.67	61.47	79.79	62.09	61.91
	川西北生态经济区	60.84	61.17	67.69	74.94	93.12	91.09	60.72	70.19	77.58	63.35	60.65	70.63	60.80	60.21
	全省平均数	67.50	65.58	75.46	81.02	74.76	81.49	63.75	84.85	76.60	81.39	63.83	89.03	65.31	64.57
2017	成都平原经济区	74.13	72.76	83.13	65.61	70.13	93.02	66.87	93.28	77.75	78.59	67.85	90.78	68.68	68.49
	川南经济区	65.20	68.34	67.62	65.73	66.88	95.29	62.01	93.90	70.21	82.72	62.83	96.39	64.69	64.93
	川东北经济区	61.43	61.27	70.18	65.32	75.74	87.68	62.22	87.05	68.44	75.92	62.56	94.88	63.71	60.80
	攀西经济区	74.39	66.67	71.97	66.71	77.67	95.51	61.34	92.13	75.37	64.97	61.77	85.64	62.24	62.06
	川西北生态经济区	60.66	62.37	61.77	85.00	92.65	97.47	60.77	84.79	75.22	62.50	60.90	73.34	60.87	60.35
	全省平均数	68.16	67.49	76.34	67.29	73.91	93.00	63.66	90.38	73.49	75.68	64.32	90.77	65.30	64.59

续附表2

2016	成都平原经济区	74.51	70.40	68.87	84.97	82.54	74.30	75.94	67.71	93.70	76.97	83.97	66.91	90.25	68.69	69.97
	川南经济区	66.08	69.14	65.21	78.38	77.92	71.70	83.14	62.65	93.98	72.08	90.48	63.23	96.02	64.24	63.39
	川东北经济区	61.57	61.52	65.55	71.14	90.57	79.47	80.57	62.60	88.00	72.16	84.57	61.93	91.02	63.56	61.99
	攀西经济区	76.60	69.00	66.97	74.22	90.68	84.05	84.65	61.68	83.19	75.99	66.65	61.80	82.63	62.29	61.41
	川西北生态经济区	60.98	64.23	71.31	61.14	96.48	94.70	90.95	60.85	82.85	88.78	63.35	60.77	78.30	60.84	60.51
	全省平均数	68.74	67.10	67.44	77.09	85.62	78.18	81.22	64.23	90.64	75.86	81.43	63.88	89.82	65.19	65.10
2015	成都平原经济区	73.76	74.18	71.92	79.94	73.15	73.22	75.45	68.43	91.82	71.67	84.40	68.16	87.63	69.67	72.50
	川南经济区	65.41	76.73	65.06	73.76	72.48	69.81	83.08	63.28	90.30	73.94	91.46	65.73	92.71	65.57	63.53
	川东北经济区	61.03	63.38	72.04	67.94	73.33	76.75	80.46	63.03	87.14	70.63	85.35	63.26	89.59	64.16	63.86
	攀西经济区	79.96	73.55	66.78	66.75	97.68	81.20	84.59	62.05	79.03	78.04	66.88	63.21	80.24	63.00	61.70
	川西北生态经济区	61.81	65.27	67.62	60.82	97.30	92.57	90.98	61.00	67.09	90.60	63.47	61.30	82.71	61.06	60.44
	全省平均数	68.61	70.88	69.64	72.79	76.50	76.49	80.98	64.76	87.51	74.43	81.99	65.29	87.40	66.02	66.55

续附表 2

年份	五大经济区	DB1	DB2	EA1	EA2	EA3	EB1	EB2	EB3	EB4	EC1	EC2	EC3	ED1	ED2	ED3
2021	成都平原经济区	66.22	77.52	77.08	70.80	67.59	88.11	85.04	69.88	71.53	94.75	93.05	79.86	67.11	69.16	73.38
	川南经济区	62.33	78.58	72.38	69.65	63.91	84.28	84.56	67.00	72.91	91.68	91.77	84.86	61.70	68.36	82.55
	川东北经济区	60.74	88.23	81.90	71.24	63.89	85.77	80.73	65.78	70.44	77.27	83.23	96.34	61.09	68.05	86.67
	攀西经济区	61.46	68.04	81.45	66.83	62.69	76.74	72.32	78.73	87.74	81.33	96.83	75.43	60.94	70.84	84.63
	川西北生态经济区	60.54	67.77	92.50	67.78	62.35	86.12	81.68	88.94	89.67	79.46	99.93	93.14	60.59	70.68	77.12
	全省平均数	63.13	77.91	79.43	69.61	64.82	84.51	81.65	71.85	74.96	88.64	91.34	86.23	63.40	68.13	78.12
2020	成都平原经济区	66.27	77.06	71.20	71.62	67.69	88.57	86.74	70.87	72.31	95.00	83.98	91.46	67.07	69.36	79.02
	川南经济区	62.34	77.74	68.69	70.44	64.11	85.17	87.67	68.97	71.62	92.02	89.46	95.19	61.75	69.22	88.03
	川东北经济区	60.90	86.96	73.30	73.02	64.05	87.15	83.46	64.74	73.24	77.20	95.33	98.18	61.24	68.74	88.22
	攀西经济区	61.26	68.22	87.88	68.03	62.75	76.83	77.09	79.06	89.77	81.04	85.08	92.91	61.00	71.25	89.87
	川西北生态经济区	60.53	68.68	95.71	69.34	62.44	86.50	87.54	90.24	90.09	79.15	93.44	98.99	60.58	71.09	77.29
	全省平均数	63.17	77.37	75.33	70.72	64.94	85.23	84.28	72.37	75.92	88.77	89.20	94.65	63.44	68.57	82.18

续附表2

年份	地区															
2019	成都平原经济区	66.16	76.76	87.67	71.36	67.70	90.59	88.46	70.21	79.39	94.98	85.30	93.06	66.86	69.49	75.49
	川南经济区	62.35	77.28	81.61	69.92	64.13	88.26	87.12	66.93	79.55	92.30	79.17	97.14	61.44	69.97	88.33
	川东北经济区	60.95	86.27	91.37	72.89	64.12	91.08	85.29	66.10	79.28	77.57	75.51	99.40	61.05	69.23	86.83
	攀西经济区	61.31	68.16	90.85	67.91	62.76	76.85	83.07	75.59	94.67	84.78	81.65	99.17	60.78	71.41	91.76
	川西北生态经济区	60.48	69.01	94.64	69.08	62.41	85.68	87.46	88.54	93.14	82.28	99.27	98.82	60.38	71.22	74.57
	全省平均数	63.15	77.08	88.75	70.45	64.97	87.43	85.47	71.51	81.67	89.17	82.73	96.56	63.23	68.90	80.76
2018	成都平原经济区	66.08	77.30	70.60	72.25	67.80	89.74	85.91	69.29	82.67	94.08	83.22	91.15	66.91	69.62	78.27
	川南经济区	61.98	77.75	72.70	71.54	64.30	88.13	86.45	67.28	80.33	92.28	68.46	93.85	61.55	70.59	87.72
	川东北经济区	60.99	86.47	83.29	74.73	64.34	90.96	82.99	65.43	84.29	78.02	87.89	######	61.06	69.74	85.76
	攀西经济区	61.15	68.25	82.95	68.65	62.83	75.79	80.13	75.02	93.06	86.65	92.82	91.28	60.76	71.44	90.47
	川西北生态经济区	60.44	69.48	89.61	69.94	62.45	83.87	84.59	87.27	94.00	83.84	98.18	99.49	60.31	71.21	76.89
	全省平均数	63.04	77.46	77.74	71.66	65.10	86.86	83.42	71.12	84.45	89.06	83.68	94.63	63.26	69.17	81.46
2017	成都平原经济区	66.09	76.44	79.83	72.52	67.92	89.09	85.81	68.81	80.50	93.58	93.76	89.66	67.14	69.72	70.49
	川南经济区	61.86	78.01	76.31	72.09	64.43	87.83	88.13	64.92	76.86	92.25	90.01	84.38	61.70	71.18	75.75
	川东北经济区	60.98	85.89	84.10	75.61	64.50	90.87	82.60	64.45	82.01	78.46	93.36	######	61.25	70.27	82.35
	攀西经济区	61.03	67.27	83.79	69.29	62.98	74.88	79.07	78.56	77.14	87.52	79.34	79.47	60.92	71.61	75.82
	川西北生态经济区	60.42	69.78	88.25	70.59	62.55	82.35	83.57	88.26	88.36	84.68	99.01	97.85	60.46	71.32	74.57
	全省平均数	63.01	77.08	82.41	72.14	65.22	86.36	83.46	70.86	81.34	88.98	91.68	91.11	63.46	69.46	74.57

续附表2

年份	经济区															
2016	成都平原经济区	66.40	77.45	71.70	72.66	67.89	88.41	86.60	68.73	83.00	92.95	91.35	89.64	67.31	70.80	75.99
	川南经济区	62.23	79.03	70.67	72.19	64.28	87.52	88.56	63.61	78.21	92.28	90.04	89.74	61.80	72.83	89.49
	川东北经济区	61.30	87.17	78.28	76.12	64.42	90.78	84.80	64.53	85.42	78.44	80.11	####	61.39	72.09	89.03
	攀西经济区	61.36	66.51	85.38	69.86	62.97	74.24	82.72	79.89	74.32	86.03	85.87	79.20	60.99	72.93	96.21
	川西北生态经济区	60.77	69.87	84.96	71.19	62.50	80.71	83.24	90.76	84.40	82.43	97.76	99.20	60.62	72.53	80.21
	全省平均数	63.30	78.07	76.80	72.40	65.17	85.82	84.63	70.74	83.03	88.45	87.24	92.12	63.60	70.74	82.18
2015	成都平原经济区	66.60	83.53	74.67	74.64	68.37	86.38	86.74	70.79	81.39	91.92	89.81	92.05	67.36	70.82	81.16
	川南经济区	62.01	81.24	78.46	74.14	64.61	87.19	87.57	65.22	76.47	91.12	84.71	84.43	61.86	73.03	91.82
	川东北经济区	61.29	92.43	83.61	78.84	64.80	90.66	85.75	66.04	89.11	78.05	88.15	99.61	61.30	72.55	89.66
	攀西经济区	61.44	69.90	88.12	71.26	63.18	73.19	76.35	81.60	80.30	83.49	75.58	78.36	61.01	72.79	98.92
	川西北生态经济区	60.81	67.94	89.47	72.79	62.62	79.10	83.21	88.11	85.26	79.28	92.50	95.41	60.68	72.30	85.23
	全省平均数	63.34	82.18	81.04	74.39	65.52	84.76	84.26	72.07	82.71	87.38	87.77	91.85	63.61	70.88	85.83

注：上表中数值为100分，表示该市（州）在某项指标发展较为充分；数值为60分，表示该市（州）在某项指标发展极不充分。

附表3　工业化不同阶段的指标值

基本指标	前工业化阶段	工业化实现阶段			后工业化阶段
		工业化初期	工业化中期	工业化后期	
三次产业产业结构	A>I	A>20%，A<I	A<20%，I>S	A<10%，I>S	A<10%，I<S
第一产业就业人员占比	60%以上	45%~60%	30%~45%	10%~30%	10%以下
人口城市化率	30%以下	30%~50%	50%~60%	60%~75%	75%以上

注：A代表第一产业增加值占GDP比重，I代表第二产业增加值占GDP比重，S代表第三产业增加值占GDP比重。

附表4　2015—2021年四川省经济高质量综合发展不平衡指数数值

年份	基尼系数值	泰尔指数				
		泰尔总指数	区域内差异	区域间差异	区域内不平衡占比	区域间不平衡占比
2015	0.02616	0.00157	0.00109	0.00058	69.4268	36.9427
2016	0.02562	0.00167	0.00109	0.00058	65.2695	34.7305
2017	0.02103	0.00135	0.00098	0.00037	72.5926	27.4074
2018	0.02026	0.00118	0.00077	0.00041	65.2542	34.7458
2019	0.02227	0.00142	0.00090	0.00053	63.3803	37.3239
2020	0.01701	0.00106	0.00083	0.00023	78.3019	21.6981
2021	0.01808	0.00110	0.00078	0.00032	70.9091	29.0909

附表5　2015—2021年四川省经济高质量综合发展不平衡指数——五大经济区

五大区域	2015	2016	2017	2018	2019	2020	2021
成都平原经济区	0.02970	0.03121	0.02758	0.02364	0.02626	0.02466	0.02501
川南经济区	0.01094	0.00584	0.00908	0.00256	0.00653	0.01121	0.00654
川东北经济区	0.00396	0.00284	0.00222	0.00952	0.00487	0.00819	0.00752
攀西经济区	0.01476	0.01663	0.01253	0.00531	0.00221	0.00465	0.00119

五大区域	2015	2016	2017	2018	2019	2020	2021
川西北生态经济区	0.00069	0.00106	0.00054	0.00196	0.00141	0.00560	0.00266

附表6　2015—2021年四川省经济高质量综合发展不平衡指数及其分解结果

五大维度	年份	基尼系数值	泰尔指数		
			泰尔总指数	区域内不平衡占比	区域间不平衡占比
经济健康	2015	0.02457	0.00099	73.74%	26.26%
	2016	0.02184	0.00101	84.16%	15.84%
	2017	0.02463	0.001	75.00%	25.00%
	2018	0.02731	0.00122	66.39%	32.79%
	2019	0.03057	0.0014	70.00%	29.29%
	2020	0.03557	0.00186	76.88%	23.12%
	2021	0.03015	0.00132	73.48%	26.52%
	2016—2020平均值	0.027984	0.001298	–	–
创新驱动	2015	0.04272	0.0042	63.57%	36.43%
	2016	0.04065	0.00405	70.12%	29.63%
	2017	0.03917	0.00377	69.23%	30.77%
	2018	0.03324	0.00287	69.34%	30.66%
	2019	0.03674	0.00341	63.93%	36.36%
	2020	0.03619	0.00325	54.46%	45.54%
	2021	0.03231	0.00283	60.42%	39.58%
	2016—2020平均值	0.037198	0.00347	–	–

五大维度	年份	基尼系数值	泰尔指数		
			泰尔总指数	区域内不平衡占比	区域间不平衡占比
生态绿色	2015	0.04053	0.00287	24.04%	75.96%
	2016	0.02911	0.00153	30.72%	69.93%
	2017	0.02691	0.00129	31.01%	68.99%
	2018	0.04334	0.0034	20.29%	79.71%
	2019	0.03534	0.0023	26.09%	74.35%
	2020	0.02175	0.00085	44.71%	55.29%
	2021	0.02513	0.00122	54.10%	45.90%
	2016—2020 平均值	0.03129	0.001874	–	–
对外开放	2015	0.03946	0.00313	51.12%	48.88%
	2016	0.02863	0.00224	63.84%	36.16%
	2017	0.02746	0.00219	67.58%	32.42%
	2018	0.02796	0.00221	62.44%	37.56%
	2019	0.02829	0.00221	62.44%	37.56%
	2020	0.02829	0.0023	57.83%	42.61%
	2021	0.03094	0.00251	47.81%	51.79%
	2016—2020 平均值	0.02813	0.00223	–	–
民生福祉	2015	0.02427	0.00104	93.27%	7.69%
	2016	0.02283	0.00098	74.49%	25.51%
	2017	0.02695	0.00132	88.64%	11.36%
	2018	0.03081	0.00155	71.61%	27.74%
	2019	0.0177	0.00069	89.86%	11.59%
	2020	0.02788	0.00133	63.91%	36.09%
	2021	0.02447	0.001	79.00%	21.00%
	2016—2020 平均值	0.025234	0.001174	–	–

附表 7 2015—2021 年四川省经济高质量五大领域五大维度不平衡指数结果

五大维度	五大经济区	2015	2016	2017	2018	2019	2020	2021
经济健康	成都平原经济区	0.01879	0.02622	0.01895	0.02236	0.02069	0.03179	0.0289
	川南经济区	0.01812	0.02466	0.01787	0.01787	0.02833	0.02754	0.02502
	川东北经济区	0.01324	0.01438	0.00511	0.00888	0.01537	0.01895	0.01892
	攀西经济区	0.01524	0.00767	0.00081	0.00764	0.02505	0.04096	0.02469
	川西北生态经济区	0.01687	0.00542	0.02509	0.01748	0.01739	0.02389	0.01119
	五大区域	2015	2016	2017	2018	2019	2020	2021
创新驱动	成都平原经济区	0.04128	0.04972	0.04637	0.03913	0.04712	0.04405	0.04475
	川南经济区	0.01749	0.01489	0.01393	0.01461	0.01725	0.01459	0.01215
	川东北经济区	0.00663	0.01141	0.00822	0.01645	0.00938	0.00533	0.00793
	攀西经济区	0.04835	0.04325	0.04089	0.02708	0.01911	0.02035	0.01831
	川西北生态经济区	0.00486	0.00243	0.00309	0.00128	0.00145	0.00066	0.00025
	五大区域	2015	2016	2017	2018	2019	2020	2021

续附表7

		2015	2016	2017	2018	2019	2020	2021
生态绿色	成都平原经济区	0.0281	0.02359	0.02075	0.0283	0.02541	0.01896	0.02849
	川南经济区	0.01265	0.00338	0.00273	0.00811	0.00487	0.0077	0.00941
	川东北经济区	0.02336	0.02001	0.01797	0.02151	0.01915	0.0116	0.0115
	攀西经济区	0.00309	0.00042	0.00106	0.00028	0.00156	0.01695	0.02342
	川西北生态经济区	0.00236	0.00034	0.0084	0.00921	0.00524	0.01106	0.00712
	五大区域	2015	2016	2017	2018	2019	2020	2021
对外开放	成都平原经济区	0.03713	0.02962	0.02692	0.02526	0.02511	0.02467	0.02506
	川南经济区	0.02545	0.01224	0.01773	0.01265	0.01271	0.01222	0.01223
	川东北经济区	0.00933	0.01569	0.0161	0.0173	0.0184	0.01889	0.0186
	攀西经济区	0.01447	0.01321	0.01116	0.01545	0.01649	0.01949	0.01747
	川西北生态经济区	0.01395	0.00023	0.00035	0.00372	0.00527	0.00455	0.00478
	五大区域	2015	2016	2017	2018	2019	2020	2021
民生福祉	成都平原经济区	0.01842	0.01668	0.02682	0.03743	0.02267	0.01866	0.02467
	川南经济区	0.03569	0.02844	0.03551	0.01345	0.0092	0.01096	0.01134
	川东北经济区	0.0142	0.0178	0.0072	0.02267	0.01578	0.0141	0.01829
	攀西经济区	0.03439	0.02867	0.04914	0.02128	0.02488	0.03642	0.03663
	川西北生态经济区	0.00117	0.00189	0.00067	0.00109	0.00128	0.00218	0.0006